# Hunger – Demokratie – Rock 'n' Roll

Schirmherrschaft

Prof. Dr. Eva Quante-Brandt
Senatorin für Bildung und Wissenschaft

Für finanzielle Unterstützung des Begleitbuches zum Projekt »Hunger – Demokratie – Rock 'n' Roll. Kindheit und Jugend 1945 bis 1960« dankt das Schulmuseum Bremen der Karin und Uwe Hollweg-Stiftung und dem Freundeskreis Schulmuseum Bremen e.V.

Für Unterstützung bei Recherche und Bildbeschaffung bedankt sich das Schulmuseum Bremen bei: Bremer Zentrum für Baukultur, Jochen Stoss, Landesinstitut für Schule/Zentrum für Medien, Kulturhaus Walle e.V./Brodelpott, Staatsarchiv Bremen, Universitätsbibliothek Bremen und dem Fotoarchiv des Weser-Kurier sowie bei allen Zeitzeuginnen und Zeitzeugen und Leihgeberinnen und Leihgebern.

Redaktion und Bildredaktion: Frauke Hellwig, Ulla M. Nitsch und Beate Ramm

Objektfotografie: Joachim Koetzle
Umschlagentwurf: Angelika Harrison

Die Deutsche Bibliothek verzeichnet diese Publikation in der Deutschen Nationalbibliografie;
detaillierte bibliografische Daten sind im Internet unter http://dnb.ddb.de abrufbar.



Hohenlohestraße 21
28209 Bremen
Tel. 0421-34843-0
Fax 0421-348094
info@edition-temmen.de
www.edition-temmen.de

Printed in Hong Kong

ISBN 978-3-8378-1039-4

Schulmuseum Bremen (Hg.)

# Hunger – Demokratie – Rock 'n' Roll

Kindheit und Jugend 1945 bis 1960

EDITION TEMMEN

# *Inhalt*

## *Geleitwort*

Seit Herbst 2013 lädt das Schulmuseum Bremen Schülerinnen und Schüler zur Auseinandersetzung mit der Zeit nach dem Zweiten Weltkrieg ein. Im Projekt ›Hunger – Demokratie – Rock 'n' Roll‹ sammeln Kinder und Jugendliche bei Großeltern, älteren Nachbarinnen und Nachbarn oder im Seniorenheim Erinnerungen an die Kindheit und Jugend in den Jahren von 1945 bis 1960. Dabei gewinnen sie einen persönlichen Zugang zu dieser für die gesellschaftliche Entwicklung in Bremen und Bremerhaven, Deutschland und Europa so bedeutsamen Zeit.

Den historischen Hintergrund für die Zeitzeugenerzählungen erkunden die Schülerinnen und Schüler mit Fotografien, Objekten oder Dokumenten. So entsteht bei den Jüngeren ein Bild der schon fernen Nachkriegsgeschichte, in dem sich historische Fakten und subjektive Erfahrung verbinden. Zeitgeschichte bleibt nicht auf einer abstrakten Ebene stehen – sie kann anschaulich und facettenreich wahrgenommen werden.

Das Schulmuseum unterstützt diesen Prozess des forschenden Lernens: Es berät die beteiligten Lehrerinnen und Lehrer, stellt Materialien zur Verfügung, vermittelt nützliche Kontakte zu Archiven, Zeitzeuginnen und Zeitzeugen, zu Fachleuten für die bremische Geschichte oder auch zu Künstlerinnen und Künstlern. Am Ende des Projektes werden konkrete Arbeiten stehen, in denen die Schülerinnen und Schüler ihre Ergebnisse kreativ vermitteln und mit denen im Juni 2014 in der Unteren Rathaushalle eine Ausstellung gestaltet wird.

Die enge Verflechtung des Schulmuseums mit den Schulen in diesem Forschungs-, Dokumentations- und Ausstellungsprojekt ist anspruchsvoll. In den partizipativen Prozess werden alle Schulstufen und Schularten einbezogen – eine Werkschule ist ebenso beteiligt wie Inklusionsklassen und Oberstufenkurse. Projekte finden in verschiedenen Unterrichtsfächern und Modulen statt: Eine Grundschulklasse begibt sich im Sachunterricht auf eine spannende Zeitreise in die damaligen Lebensverhältnisse der Großeltern; Klassen der Jahrgänge 5 bis 10 erkunden, wie es in ihrem Stadtteil ausgesehen haben mag, und Oberstufenkurse untersuchen Erziehungsstile und Kommunikationsverhältnisse. Es entstehen Spiele- und Geschichtenbücher, Plakate, Filme und Theaterstücke, Hörstationen und fantasievolle Installationen für die Ausstellung im Rathaus.

Schon das Gespräch zwischen Jung und Alt, das sich aus der Anlage des Projekts ergibt, ist wertvoll: Die persönlichen Begegnungen tragen zum gegenseitigen Verstehen wie auch zum besseren Verständnis der historischen Ereignisse bei, die das Leben beider Generationen prägen.

Durch die öffentliche Präsentation der Ergebnisse in der Unteren Rathaushalle kann sich der Dialog in unsere

**1** Zu dritt auf einer Bank. Unterricht im beschädigten Klassenraum, 1946.

**3** Schüler/innen einer 6. Klasse im Zeitzeugengespräch, 2014.

**2** Freiluftunterricht in der 1951 eröffneten Schule Grolland, 1955.

Stadt hinein erweitern. Mit der Ausstellung sollte der begonnene Prozess nicht aufhören. Alte und junge Menschen in Bremen können angeregt werden, den Reichtum der Erinnerungen zu schätzen und Zeitgeschichte und Zeitgeschehen bewusster wahrzunehmen.

Den beteiligten Schülerinnen und Schülern, den im Projekt engagierten Lehrkräften, Ehrenamtlichen und Kooperationspartnern, nicht zuletzt auch dem Schulmuseum wünsche ich, dass das gelingt. Den Zeitzeugen und Zeitzeuginnen danke ich für ihre Offenheit.

Prof. Dr. Eva Quante-Brandt
Senatorin für Bildung und Wissenschaft

**»Ohne die Gespräche in der Schule hätte ich da vielleicht nie wieder dran gedacht.«**

**»Ist doch komisch, dass das erst fünfzig bis siebzig Jahre her ist.«**

**»Irgendwann werden unsere Großeltern nicht mehr leben und dann erinnert sich niemand mehr an die Zeit.«**

**»Wie neugierig die Kinder waren – das hat mir gefallen.«**

**»Ich hab auch viel Neues über Kinder- und Jugendleben von heute erfahren.«**

## *Zu diesem Buch*

Das vorliegende, vom Schulmuseum Bremen herausgegebene Buch begleitet die Ausstellung »Hunger – Demokratie – Rock 'n' Roll«, die im Juni 2014 mitten in Bremen, in der Unteren Rathaushalle, gezeigt wird. Damit führt das Schulmuseum die Reihe der Publikationen und Ausstellungen fort, in denen es um Kindheit, Schule und Jugend in der Kaiserzeit, in der Weimarer Republik und im Nationalsozialismus ging. Im Mittelpunkt des neuen Projekts steht das Leben von Kindern und Jugendlichen während der Zeit von 1945 bis zum Beginn der 1960er Jahre: Wie erging es ihnen in den Notunterkünften oder beim Spielen in der Trümmerlandschaft, in die Bremen im Zweiten Weltkrieg verwandelt worden war? Was änderte der allmähliche Wiederaufbau an ihrer Situation? Welche Ängste peinigten sie, was machte ihnen Mut? Was wünschten sie sich für die Zukunft? Wie war das Verhältnis zu ihren Eltern? Wie blickten die Mütter und Väter, die Nationalsozialismus und Krieg mitgemacht hatten, auf ihre Kinder? Was planten die Bildungspolitiker? Wie wurden die Lehrer/innen erlebt? Was hörten die Kinder und Jugendlichen von der Vergangenheit, wie »übten« sie Demokratie? Wo suchten sie sich ihre Idole? Interessierten sie sich mehr für ihr Vergnügen oder auch für Politik?

Verschiedene Autor/innen suchen aus wechselnden Perspektiven nach Antworten auf solche Fragen. Dabei stoßen sie immer wieder auf Widersprüche zwischen dem proklamierten demokratischen Neubeginn nach 1945 und dem Weiterwirken der NS-Vergangenheit mit ihren menschenfeindlichen und autoritären Strukturen. Viele von ihnen sind selbst Kinder der Kriegs- und Nachkriegsjahre. Ihre Beiträge reflektieren bei aller wissenschaftlichen Objektivität auch persönliche Erfahrungen. Insgesamt lädt das Buch mit seinem breiten Themenspektrum, mit den vielen Bildquellen und Zeitzeugenaussagen zum Blättern und Studieren, zum Erinnern und Verstehen ein.

»Nach unserer Unterhaltung konnten sie sich besser vorstellen, wie lange der Wiederaufbau dauerte.«

»Es war auch spannend zu sehen, wie viel sich in der kurzen Zeit verändert hat.«

»Wenn einem Menschen vom Leben nach dem Krieg erzählen, ist das ganz 'was anderes, als es in Büchern zu lesen.«

»Wie wenig einen glücklich macht, wenn man nichts hat.«

»Die Jugendlichen haben Fragen gestellt, über die ich richtig nachdenken musste.«

Mit einigen der aufgezählten Fragestellungen haben sich auch die mehr als 600 Schüler/innen aus Bremer Schulen beschäftigt, die mit ihren Lehrkräften am Projekt »Hunger – Demokratie – Rock 'n' Roll« beteiligt sind. Viele verfolgten aber ganz eigene Fragen: Welche Süßigkeiten gab es damals und welche Spiele haben die Kinder gespielt? Hatten sie Haustiere? Mit wem waren sie befreundet, wo hat man die erste Freundin, den ersten Freund kennengelernt? Wie sah das Alltagsleben aus – wo konnte man sich beispielsweise waschen? Was hat ein Brief, ein Paket, ein Telefongespräch im Unterschied zu heute bedeutet? Viele der Schüler/innen haben ihre Großeltern gefragt oder Menschen aus der Nachbarschaft, aus dem Seniorenheim gegenüber der Schule. In diesen Gesprächen verbinden sie ihr eigenes Leben mit der Geschichte der Großeltern. Was sie erkundet haben, wurde von ihnen in Erzählungen, Kurzfilme, Bilder, Plakate oder Theaterszenen für die Ausstellung verwandelt.

Mit dieser intensiven Einbeziehung seines jungen Publikums in die Vorbereitung einer Ausstellung über eine »ferne« Zeit betritt das Schulmuseum museumspädagogisches Neuland. Denn es teilt erstmals alle Aspekte musealer Arbeit – das Sammeln und Erforschen ebenso wie das kreative Vermitteln in einer Ausstellung, mit den jungen Forscher/innen aus den Schulen. Einige Schülerprojekte zeigt schon der vorliegende Band, eine vollständige Dokumentation erfolgt in einer eigenständigen Publikation.

Schließlich gilt es noch etwas zu vermerken: Dieses Buch handelt vom Leben in der Nachkriegszeit und den Jahren des Wiederaufbaus in Bremen. Heute aber haben viele der Bremer Schüler/innen ihre Wurzeln in anderen Ländern. Deshalb finden sich in der Erinnerungslandschaft, die sie zusammen mit dem Schulmuseum in der Unteren Rathaushalle gestalten, neben Kindheitserinnerungen aus Bremen auch solche aus anderen Regionen Deutschlands und aus aller Welt. Darüber könnte dann das nächste Buch geschrieben werden.

**4** Mädchen und Junge bei Trümmerarbeiten, Sommer 1945.

Hartmut Müller

# *Wir sind noch einmal davongekommen*

## Bremen als Lebenswelt der Kinder und Jugendlichen 1945 bis 1960

Als am 10. September 1945 der Unterricht in den Bremer Grundschulen provisorisch wieder aufgenommen wurde, lebten in Bremen rund 292.400 Menschen, d.h. nur noch ca. 65 % der Vorkriegsbevölkerung. Über 4000 Männer, Frauen und Kinder waren während der Bombenangriffe auf die Stadt ums Leben gekommen, über 100.000 Menschen aus Evakuierung, Internierung und Kriegsgefangenschaft noch nicht wieder nach Hause zurückgekehrt. Dazu zählten auch rund 1200 Schulkinder, die aus der Kinderlandverschickung noch nicht aus Sachsen und dem Salzburger Land nach Hause gekommen waren.

Die Stadt Bremen, zunächst durch britische Truppen am 26. April 1945 besetzt, unterstand zusammen mit Bremerhaven als Enklave Bremen einer amerikanischen Militärregierung und gehörte seit 1947 zur amerikanischen Besatzungszone. Während die Erwachsenen in den Amerikanern noch lange die Besatzer sahen, die ihren Lebensraum reglementierten und einengten, und auch die amerikanischen Soldaten keinen direkten Kontakt zur deutschen Bevölkerung suchten, gingen die Kinder und später auch die Jugendlichen eher unbekümmert auf die GIs zu.

Genauere Vorstellungen von den amerikanischen Besatzern hatten die wenigsten. Im Radio hatte man Gräuelgeschichten über die »Negersoldaten« gehört: »Die schneiden uns den Schwanz ab«, die »Wilden«, die »kommen doch alle aus dem Urwald«, ängstigten sich die Jungen untereinander im Bunker. Auch Kinder und Jugendliche hatten die Propaganda der Nationalsozialisten für bare Münze genommen und den Besatzern eher feindselig entgegengesehen. Später erwiesen sich aber dann Süßigkeiten als effektives Mittel, solche und andere Vorurteile abzubauen.

Waren die Kleinen besonders an Schokolade und Kaugummi sowie an Zigarettenkippen für ihre Väter interessiert, gelang es den Amerikanern, viele Jugendliche, die bislang als nationalsozialistisch indoktriniert galten, durch die vielseitigen Angebote der schon Ende 1945 gegründeten Jugendklubs für sich zu gewinnen. Football, Baseball, Basketball, Jazzkonzerte, Tanzabende, aber auch Diskussions- und Vortragsabende führten dazu, dass 1946 in Bremen von ca. 60.000 Kindern und Jugendlichen im Alter zwischen sechs und achtzehn Jahren bereits etwa 2000 Mitglied eines Klubs waren. Große Jugendsportfeste kamen hinzu, an denen zum Beispiel schon im Oktober 1945 1500 Kinder zwischen 10 und 14 Jahren teilgenommen hatten. Öffentliche Weihnachtsfeiern vertieften die Kontakte zu den Amerikanern. Weihnachten 1947 wurden über 100.000 Kinder in Bremen, Bremerhaven und den umliegenden Orten mit Spielzeug, Süßigkeiten und Kleidungsstücken

beschenkt, eine Geste, die besonders die Eltern der Kinder mit Dankbarkeit erfüllte.

Aber es gab auch Vorbehalte der Eltern gegenüber dem Einfluss der Amerikaner auf ihre Kinder. Vorwürfe, unter dem Deckmantel der Demokratisierung werde in Wirklichkeit eine rein materialistische Amerikanisierung der deutschen Jugend betrieben, wurden laut und verstiegen sich gar zu einer Kritik, welche die Mitgliedschaft in den amerikanischen Klubs als »Schokoladen-Knechtschaft« bezeichnete.

Nicht unproblematisch war das Verhältnis der Besatzungssoldaten gegenüber den älteren weiblichen Jugendlichen. Die amerikanischen GIs waren bekannt für ihr Interesse an jungen deutschen Frauen. Und nicht jedes Mädchen war es gewohnt, auf offener Straße »angemacht« zu werden. Viele Frauen und Mädchen wagten sich selbst tagsüber kaum alleine auf die Straße. Wer noch nach der Sperrstunde draußen unterwegs war, musste damit rechnen, von der Sittenpolizei festgenommen und auf Geschlechtskrankheiten hin untersucht zu werden. Man stand dann fast automatisch unter dem Verdacht, der Prostitution nachzugehen. Und das galt auch für die jungen Mädchen.

All das spielte sich in einer Stadt ab, die zu über 60 % zerstört war, darunter ganze Wohnquartiere wie der

**5** Zuzugssperre – Informationstafel am Bahnhof, 1946.
**6** Flüchtlingsunterkunft in einer ausgebombten Wohnung, Neuenburger Straße, 1946.

ANERKENNUNG

Im Volkseinsatz zum Wiederaufbau der
Freien Hansestadt Bremen
hat Herr/Frau/Fräulein
Prüser, Jürgen
der Ehrenpflicht genügt

Verborgen bleibt die eigne Kraft den meisten,
die still hin wirken, friedlich, unbedroht;
wie Schweres, Großes er vermag zu leisten,
das lernt der Mensch erst kennen durch die Not

Bremen, im Jahre 1946

DER PRÄSIDENT DES SENATS
Kaisen

GEFFKEN BREMEN

ANERKENNUNG
1947
Im Volkseinsatz zum Wiederaufbau der
Freien Hansestadt Bremen
hat Herr/Frau/Fräulein
Ilsabey Grote
der Ehrenpflicht genügt

Verborgen bleibt die eigne Kraft den meisten
die still hin wirken, friedlich, unbedroht;
wie Schweres, Großes er vermag zu leisten,
das lernt der Mensch erst kennen durch die Not

Bremen, im Jahre 1946

DER PRÄSIDENT DES SENATS
Kaisen

GEFFKEN, BREMEN

**7** Plakat »Soll Bremen so bleiben?«, Entwurf Henry Garde, 1946.
**8** Urkunden für Trümmerarbeiten, zu denen Jugendliche »im Volkseinsatz zum Wiederaufbau« verpflichtet wurden, 1946/47.

Bremer Westen, wo nur noch die Hochbunker standen. Auch die anderen Stadtteile waren zum großen Teil nur noch provisorisch bewohnbar: Im September 1945 lebten 22.562 Menschen in Kellern unter Ruinen, Tausende in Behelfswohnungen, 7899 in Gartenhäusern, teils noch heute als Kaisenhäuser bekannt.

660 Häuser hatte die Militärregierung für die Besatzungstruppen beschlagnahmt und zwangsgeräumt. Bremen glich einer »Gespensterstadt«, bevölkert von »Gestalten aus dem Schattenreich«, wie sich Bürgermeister Wilhelm Kaisen später erinnerte. Viele Straßen und Wege waren durch Trümmer unpassierbar, alle Weserbrücken zerstört. Die Versorgung mit Strom, Gas und Wasser funktionierte nicht mehr. Die Kontaktaufnahme zwischen den Menschen war schwierig, wenn nicht sogar unmöglich. Die Straßenbahn fuhr noch nicht. Erst mussten Gleise und das Fahrleitungsnetz wieder instand gesetzt, der Wagenpark repariert werden, und dazu fehlten noch die Rohstoffe. Immerhin: Im Verlauf des Jahres 1946 wurden 74 von ehemals 94 km wieder befahrbar. Ende 1945 hatte der erste Zug den Bremer Hauptbahnhof verlassen. Die Bilder der hoffnungslos überfüllten Züge gehörten auch in Bremen zum Alltag. Telefon gab es nicht, die Post nahm erst langsam ihre Arbeit wieder auf, und das Schreiben über die Zonengrenzen hinaus war vorerst noch nicht erlaubt. Wer sich außerhalb der Enklave bewegen wollte, brauchte dazu eine Sondergenehmigung, ein sogenanntes »Travel Permit«. Warten auf Nachrichten vom Vater, von den Verwandten, wo

sind die Nachbarn geblieben – vieles blieb noch lange im Ungewissen.

Entscheidend für die Kinder war die Geborgenheit der Familie, wenn sie denn intakt geblieben war. Den Nachkriegsalltag erlebten die Kinder dann spielerisch, als Abenteuer in den Ruinen, in der Begegnung mit den Besatzungssoldaten in einer bisher nicht bekannten Freiheit, der Aufsicht durch die Eltern weitgehend entzogen, verantwortlich auf der anderen Seite aber oft auch für die kleineren Geschwister.

Ein großer Teil der Schulkinder sah sich jedoch im Familienleben seelisch und wirtschaftlich bedrückenden Umständen gegenüber. Zehn Prozent aller bremischen Schulkinder hatten während des Krieges ihren Vater verloren, 2,1 % die Mutter. 7376 Schüler von insgesamt 51.000, d.h. rund 17 %, gaben bei einer Befragung im Jahre 1947 an, dass in ihren Familien der Vater fehle, vermisst, in Kriegsgefangenschaft oder aus sonstigen Gründen nicht zu Hause. In den ersten beiden Nachkriegsjahren kehrten 26.568 Kriegsgefangene nach Bremen zurück, im Februar 1947 waren aber immer noch 7400 Bremer vermisst. Für die Kinder und Jugendlichen waren die Heimkehrer oftmals Fremde, an die man sich in der Familie erst wieder gewöhnen musste.

**9** Neustädter Kinder belagern einen Jeep der Besatzungssoldaten, 1945/46.

Viele Väter galten als arbeitsunfähig oder nur beschränkt arbeitsfähig. In vielen Fällen musste die Mutter für den Unterhalt der Familie sorgen, blieben die Kinder tagsüber nahezu sich selbst überlassen.

Auf dem Bremer Arbeitsmarkt herrschte bei gleichzeitigem Arbeitskräftemangel lange Zeit Arbeitslosigkeit. Ein Teil der jüngeren Facharbeiter war im Krieg gefallen oder befand sich anfangs noch in Kriegsgefangenschaft. Die verbliebenen Arbeitskräfte waren infolge der mangelhaften Ernährung in ihrer Leistungsfähigkeit so sehr geschwächt, dass z.B. im Winter 1946 im Bereich des Arbeitsamtes Vegesack von 100 Arbeitslosen nur 5 voll einsatzfähig waren. Der Mangel an Arbeitskräften war anfangs so groß, dass die Militärregierung im Dezember alle unverheirateten Frauen bis zum 45. Lebensjahr sowie alle kinderlosen Ehefrauen zur Arbeit verpflichtete. Zunächst standen die Aufräumungsarbeiten in der Stadt im Vordergrund. Bei den Volksräumaktionen der Jahre 1946 und 1947 wurde jede Hand gebraucht. Die Basis des traditionellen Bremer Arbeitsmarktes aber – Schiffbau, Großindustrie, Häfen und Außenhandel – war nachhaltig zerstört. Schiff- und Flugzeugbau sowie die Schifffahrt hatten die Alliierten in Deutschland verboten, und was in Bremen an industriellen Großbetrieben den Krieg überlebt hatte, fiel teilweise der Demontage zum Opfer. Die kaufmännischen

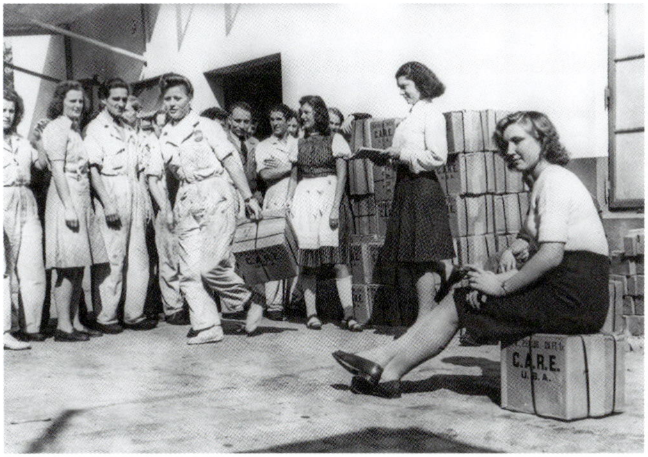

**10** Mit dem amerikanischen Frachter »American Ranger« trafen am 15. Juli 1946 die ersten Carepakete in Bremerhaven ein.
**11** Carepaket-Verteilung des Arbeiter-Hilfswerks in einer Kindertagesstätte, Weihnachten 1947.
**12** Schüler in der Bibliothek des Amerikahauses, Oktober 1948.
**13** Lesekarte des Amerika-Hauses 1954, von Schüler Ernst, Jg. 1939.
**14** Englisch-Lehrbuch »Peter Pim and Billy Ball«, erschienen 1948 »unter Mitarbeit amerikanischer und englischer Dienststellen sowie deutscher Anglisten«.

**15** Renate und Pauline, 1952. Pauline, Jg. 1946, gehörte zu den ersten Besatzungskindern, die in Bremen eingeschult wurden.

Auslandsniederlassungen waren verloren gegangen, der traditionelle Außenhandel kontrolliert, wenn nicht ganz eingestellt worden. 1951 betrug die Arbeitslosigkeit in Bremen immer noch 11,4 %.

Auf den Sommer 1945 war der erste der kalten und harten Nachkriegswinter gefolgt. Bremen, zunächst vom britisch besetzten Umland abgeschnitten, hungerte. Lebensmittel waren so wie auch Heizmaterial oder Kleidung schon während des Krieges rationiert, und man konnte sie nur gegen die Vorlage von Marken oder Bezugscheinen erhalten. Im Januar 1946 galten 70 % aller Bremer Schulkinder als unterernährt. Wer Glück hatte, konnte sich aus einer Parzelle zusätzlich ernähren. Aber das waren nur die wenigsten. Der Tauschhandel auf dem Schwarzmarkt am Breitenweg blühte, ein Aktionsfeld auch für Jugendliche und Kinder; manch Mutterkreuz der Oma wurde gegen vier Schachteln Lucky Strikes getauscht. Auf Bahndämmen und Gleisen wurden die Kohlenzüge geplündert. Was die Erwachsenen von den Waggons herunterwarfen, wurde von den Kindern eingesammelt und nach Hause geschafft.

Der Wiederbeginn in den Schulen, mit hohen politischen Erwartungen versehen, erwies sich als schwierig. Von den 150 Schulen der Stadt Bremen waren 48 total zerstört und 72 beschädigt, von den rund 2000 Klassenräumen nur ca. 500 benutzbar. Nach Kriegsende war es zunächst zur massenhaften Entlassung politisch belasteter Lehrer gekommen. Und obwohl während des »3. Reiches« entlassene Lehrer – besonders aus den ehemaligen Versuchsschulen – wieder eingestellt wurden, erwies sich der Fehlbedarf als dramatisch. Riesenklassen, bis zu drei Unterrichtsschichten pro Tag, Klassenzusammenlegungen und massiver Stundenausfall waren die Folgen, letzterer auch wegen der häufigen Stromausfälle und der »Kohleferien« während der Kältewinter 1945/46 und 1946/47. Gäbe es in der Schule nicht warmes Essen, würde bei diesem Wetter kaum ein Kind kommen, notierte der Leiter der Schule an der Glockenstraße im Februar 1947 in der Schulchronik.

Den Kindern fehlte es nicht nur an Lernmaterial, Papier und Schreibzeug, sondern vor allem an Nahrung und Kleidung. Die meisten von ihnen besaßen gegen Nässe und Kälte der ersten Nachkriegswinter kein ausreichendes Schuhwerk. Warme Winterbekleidung gab es nicht zu kaufen. Mit Fantasie, Einfallsreichtum und Geschicklichkeit wurden Uniformen, Militärmäntel, Fallschirmseide, Fahnen, geschenkte und getauschte Altkleider geändert und neu genäht. Alte Pullover und Strümpfe, selbst Zuckersäcke aus dem Hafen, wurden aufgeribbelt, die Garne und Wollen zu Pullovern, Strümpfen, Mützen und kratziger Unterwäsche verstrickt.

Neben der Grundversorgung durch Lebensmittelkarten spielte die Selbstversorgung eine wichtige Rolle. Öffentliche Grünflächen, wie beispielsweise die Spielplätze

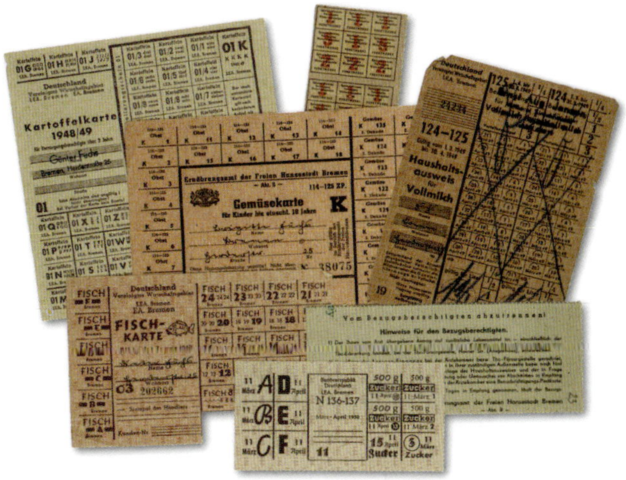


**16** Ankunft zur Kindererholung am Fährhaus Lankenau, um 1948.
**17** Essensverteilung in der Kindererholung, um 1948.
**18** Lebensmittel-Bezugsmarken, 1945 – 1949.

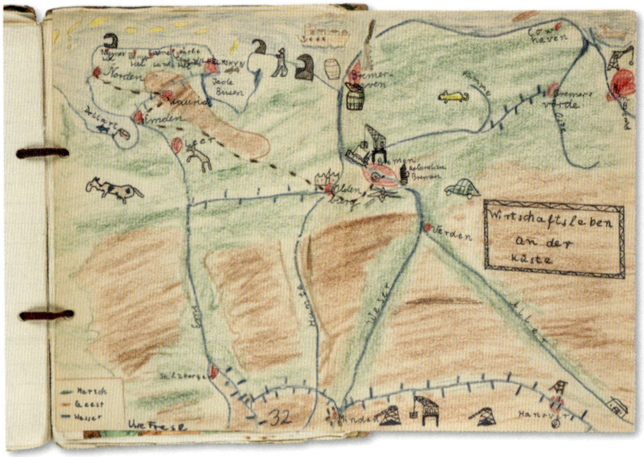


**19** Schülerzeichnung in Heimatkunde zum »Wirtschaftsleben an der Küste«, 4. Schuljahr, etwa 1948.

**20** Schüler erkunden das öffentlich ausgestellte Modell zum Wiederaufbau des Bremer Westens, Ende der 1940er Jahre.

vor dem Hauptbahnhof, und nicht genutzte Grundstücke wurden in Nutzflächen umgewandelt, auf denen nun Kartoffeln, Gemüse und Salat angebaut werden durften. Was nicht gleich gegessen wurde, wurde eingeweckt als Reserve für den Winter. Und das war mehr als nötig. Hatten die täglich zugeteilten Kalorien für Jugendliche zwischen 6 und 18 Jahren im August 1945 noch 1675 Kalorien betragen, so sanken sie im Winter 1946/47 auf Tagesrationen von 950 Kalorien ab. Im Hungerwinter 1947 kam es in der Stadt zu Massenerkrankungen, Hungerödemen und einer sich ausbreitenden Lungenseuche. Auf den Straßen sah man alte Leute und Kinder, die vor Kälte leise vor sich hin wimmerten. Viele Kinder suchten gegen die Kälte Schutz in den Wärmehallen. Hilfe kam von verschiedenen Seiten. Das Hilfswerk der evangelischen Kirche in der Schweiz nahm zeitweise Hunderte Bremer Kinder in seinen Heimen auf. Andere wurden aufgrund ihrer Unterernährung zur Erholung ins »Bremer Kinderheim« nach Wangerooge oder nach Lankenau geschickt. Seit März 1946 linderte die englische Schulspeisung und seit Juni 1947 die amerikanische Hoover-Speisung die Not der Schulkinder. Humanitäre Hilfen aus den USA – in Bremen wurden bis Ende 1947 ca. 370.000 »Liebesgaben« von Care und CRALOG verteilt – sowie die staatlichen US-Hilfslieferungen an Mais und Getreide, die nun die bremischen Häfen erreichten, ließen im Verlauf des Jahres 1947 die Hungerwellen abklingen.

Schlechter als den Einheimischen ging es den zahlreichen Flüchtlingen. Hatte seit dem Juli 1945 eine allgemeine Zuzugssperre für Bremen gegolten, so waren doch in den folgenden Monaten immer mehr Flüchtlinge und Vertriebene in Bremen wohnhaft geworden. 1947 betrug ihr Anteil an der bremischen Bevölkerung 8,5 %. Zwischen den Einheimischen und den Flüchtlingsfamilien gab es ein starkes soziales Gefälle. Besonders die Kinder waren hinsichtlich Wohnung, Ernährung und Bekleidung noch im Sommer 1947 um durchschnittlich 50 % schlechter gestellt als die bremischen Schulkinder. Die meisten Flüchtlinge wohnten in Barackenlagern und Notunterkünften. 1947 hauste jedes 4. der 3974 Flüchtlingsschulkinder in

**21** Wirtschaftsoberschüler/innen auf Klassenfahrt, 1958.
**22** Edith, Jg. 1942. Urlaub mit der Freundin. Ziel: Wilhelmshaven und Helgoland, 1952.
**23** Puderdose aus einem Carepaket.

einer Einzimmerwohnung. 70 % der Flüchtlingskinder kamen aus Wohnungen mit höchstens 2 Zimmern. 35 % der Kinder fehlte der Vater, 3,8 % die Mutter. Die Flüchtlinge und ihre Kinder galten mit ihrem teils fremden Dialekt als Bürger zweiter Klasse und waren bei den Einheimischen nicht sonderlich beliebt. Mit den Flüchtlingskindern spielt man nicht, sagten die Mütter. Und die amerikanische Militärregierung stellte 1948 lakonisch fest: »They are not too well accepted by Bremen residents.«

Dabei hatte sich Bremen doch in seiner neuen Landesverfassung vom 21. Oktober 1947 gerade erst ausdrücklich zur Gleichheit aller Menschen, zu Toleranz, Sittlichkeit und Menschlichkeit verpflichtet. Die Verfassung stellte die Jugend unter besonderen Schutz und appellierte an die Verantwortlichen, sie zu Gemeinschaftsgesinnung, Achtung vor der Würde jedes Menschen, zum Willen zu sozialer Gerechtigkeit und politischer Verantwortung, zu friedlicher Zusammenarbeit und Toleranz zu erziehen. Seit ihrer Wiederzulassung im Jahre 1946 entstanden in diesem Sinne neue Jugendverbände nach zumeist altem Vorbild, so die sozialistischen »Kinderfreunde«, später die »Falken« sowie die eher traditionellen Pfadfinder, die Deutsche Jungenschaft und die Wandervögel. Für viele Jugendliche aus HJ und BDM war im April 1945 eine Welt zusammengebrochen. Sie fühlten sich von denen, welchen sie vertrauten und gefolgt waren, belogen und hintergangen. Nun begannen sie, sich an eine neue Welt mit neuer gesellschaftlicher Verantwortung vorsichtig heranzutasten. Als am 9. Mai 1947 Tausende von Bremern gegen die ihrer Meinung nach zu milden Urteile gegen die NS-Täter der Pogromnacht vom 10. November 1938 auf dem Domshof protestierten, gehörten zu ihnen auch

**24** Kinder studieren Anschläge an einer Litfass-Säule vor den Bürgerschaftswahlen im Herbst 1947.

**25** Die Stadt belebt sich wieder. Wachtstraße, Kreuzung Tiefer und Martinistraße 1951.

zahlreiche Jugendliche, viele von ihnen hatten vielleicht auch am 1. Mai des gleichen Jahres den Demonstrationszug des DGB unter dem Motto »Nie wieder Krieg – Völkerverständigung – Sozialismus« begleitet.

Die Entnazifizierung war in Bremen »von oben« herab durch die Besatzungsmacht erfolgt und war – je länger sie gedauert hatte – auf immer breitere Ablehnung durch die Bevölkerung gestoßen. Hätte man 1945 den deutschen Antifaschisten freie Hand gelassen, wäre die Entnazifizierung wahrscheinlich schneller und konsequenter durchgeführt worden. In den Familien wird man über die Ausfüllung der Fragebögen gesprochen haben, besonders dann, wenn Vater oder Mutter belastet waren, Geldbußen oder Entlassungen drohten. Vor den Kindern aber wird man diesen Teil der eigenen Vergangenheit verschwiegen haben. Sicher: Bei Kriegsende waren Hitlerbilder von der Wand, »Mein Kampf« aus dem Bücherregal, HJ-Dolch und Uniform aus dem Kinderzimmer verschwunden, aber einen tieferen Bruch mit den zurückliegenden Jahren hatte das noch lange nicht bedeutet. »Nie wieder Bleisoldaten« hatte der *Weser-Kurier* im Oktober 1945 Eltern und Erzieher öffentlich gemahnt, und im November 1949 hatte die Bremische Bürgerschaft einen Appell zum Verbot der Herstellung und Einfuhr von Kriegsspielzeug an die Bundesregierung gerichtet. Tatsächlich wurden aber bis weit in die fünfziger Jahre hinein noch Jagdflugzeuge, »Stukas« und Kriegsschiffe in den Kinderzimmern gebastelt, »Landser«-Hefte von jugendlichen Lesern verschlungen.

Mit der Währungsreform begann sich 1948 manches im öffentlichen Leben langsam zu verbessern, und bald schwamm auch Bremen auf der Woge des allgemeinen wirtschaftlichen Aufschwungs – bekannt als

Wirtschaftswunder – mit. Seit 1950 fuhren wieder bremische Schiffe unter deutscher Flagge, ein regelrechter Bauboom auf den beiden Bremer Großwerften Vulkan und AG Weser führte nach der Wiederzulassung des Schiffbaus im April 1951 zu einer grundlegenden Gesundung des Arbeitsmarktes. Größtes Unternehmen in der Stadt waren jetzt die Borgwardwerke in Sebaldsbrück. »Wer den Tod nicht scheut, fährt Lloyd«, hieß es. Der Lloyd *Alexander* löste den Leukoplastbomber ab, zum Flaggschiff Borgwards wurde die legendäre *Isabella*. 1957 gelang die Ansiedlung der Klöckner-Hütte AG an der Weser.

**26** Im Schnoor, 1959.

Die Produktion von Autos, Schiffen, Stahl, Nahrungsmitteln, Rundfunkgeräten und Textilien brach alle Rekorde. Die Stadt wurde zum Magneten für Zuwanderer und Umlandpendler. In Bremen zählte man im September 1950 bereits wieder eine Wohnbevölkerung von 444.549 Menschen, d.h. so viele wie vor dem Krieg.

Als neu galt die gezielte Anwerbung von Arbeitskräften aus dem Ausland. Die ersten Gastarbeiter waren Mitte der fünfziger Jahre nach Bremen gekommen. 1955 zählte man hier 39 Italiener, 12 Jugoslawen und 10 Spanier. Besonders die Zahl der Italiener stieg in den folgenden Jahren an. 1959 waren 450 von ihnen als geschlossene Gruppe bei der Bremer Wollkämmerei in Blumenthal beschäftigt. Die Gastarbeiter lebten in Heimen, ihre Familien waren generell in ihren Heimatländern geblieben. 1960 nennt die bremische Statistik erstmals 45 Türken unter den in Bremen beschäftigten Gastarbeitern. 1965 sind es bereits 1340, und jeder fünfte ausländische Arbeitnehmer war jetzt Türke.

In der Obernstraße traf man sich seit dem Sommer 1952 gerne beim »Italiener«, d.h. in der Eisdiele der Gebrüder Chiamulera. Das galt besonders für die Jugendlichen, Jungen wie Mädchen. Kinofilme, Tanzen, Freibad, Milchbar, Schallplatten, Kofferradio, Moped, schicke Kleider – die Jugendlichen begannen sich aus den engen und tradierten Vorbildern und Erziehungsvorstellungen der Eltern zu lösen. Film- und Rockstars oder die »Helden von Bern« lieferten neue Vorbilder. Mit Nietenhosen und Petticoat, Bürstenfrisur und »Negermusik«, Rock 'n' Roll und lautem Imponiergehabe erschreckten Jugendliche als »Halbstarke« die biedere Gesellschaft der späten 1950er Jahre.

Aber nicht jeder Protest war Krawall. 1952 protestierte der Landesjugendring gegen die Unterzeichnung der Westverträge und damit gegen die Wiederbewaffnung und den Wehrbeitrag der Bundesrepublik. Bereits 1948 hatte der »Jugendtag«, ein Zusammenschluss von ca. 100 Bremer Vereinen und Jugendorganisationen, die Bremische Bürgerschaft – wenn auch letztlich ohne Erfolg – aufgefordert, Straffreiheit bei Wehr- und

Kriegsdienstverweigerung in die Landesverfassung aufzunehmen. Dennoch stieß die Wehrdienstverweigerung bei den jungen Leuten zunächst auf nur geringes Interesse und blieb im Wesentlichen ein Anliegen der Erwachsenen. Im Frühjahr 1958 beteiligten sich viele ältere Jugendliche wie »Falken« und PH-Studenten an den unterschiedlichsten Protestveranstaltungen der Aktion »Kampf dem Atomtod«, die zum 1. Mai rund 80.000 Bremer und Bremerinnen im Protest auf den Straßen und Plätzen der Stadt vereint hatte.

Die Masse der Jugendlichen blieb während der fünfziger Jahre jedoch unpolitisch. Zusammen mit den Eltern fuhr man erstmals wieder in Urlaub, mit den Jugendgruppen ins Zeltlager oder auf große Fahrt, trampte – wenn man älter war – auch schon einmal über die Grenzen hinaus ins Ausland. Gebadet wurde im Sommer lange noch in den Flussbadeanstalten der Weser. Wer es sportlicher wollte, ging ins Zentralbad oder ins Stadionbad. Für die Kinder standen während der Ferienmonate 21 Spiel- und Sportplätze als sogenannte Ferienspielplätze zur Verfügung. Jugendlichen wurden jetzt Aktivitäten in Freizeitheimen und seit 1955 in neuen Jugendhäusern wie denen in Walle oder in der Vahr angeboten.

Der bescheidene neue Wohlstand hielt in den Familien und Wohnungen langsam Einzug, auch wenn es länger dauerte, als der Begriff vom Wirtschaftswunder heute suggeriert, bis es Kühlschränke, Waschmaschinen und Fernseher in jeder Familie gab. Erst einmal musste allerdings neuer Wohnraum geschaffen werden. Nachdem bis zum Herbst 1949 erst ein Viertel der Trümmer in der Stadt beseitigt worden war, begann 1953 der Wiederaufbau des Bremer Westens. In den Jahren 1956 bis 1958 kamen mit der Gartenstadt Vahr und der Neuen Vahr neue große Wohngebiete hinzu.

Erste Schulneubauten entstanden, lichte, kindergerechte Bauformen im sogenannten »Pavillonstil« mit Trennung von Klassentrakt und Gemeinschaftsräumen. Gruppenarbeit und ein neuer Unterrichtsstil sollten dort verwirklicht werden. Die Reformvorhaben blieben aber teilweise in ihren Anfängen stecken. Die politische Aufbruchstimmung der ersten Nachkriegsjahre wich schließlich immer mehr dem Streben nach den Annehmlichkeiten des Wirtschaftswunders. Der Wunsch nach einer Rückkehr zur Normalität war so stark, dass an den Wertvorstellungen aus der Vorkriegszeit und der tradierten Rollenverteilung in den Familien mehr denn je festgehalten wurde. Dieses gesellschaftliche Klima prägte auch das Leben der Kinder und Jugendlichen im Bremen der Nachkriegsjahre bis in die frühen 1960er Jahre hinein.

**27** Spielplatz abseits der Straße, Gartenstadt Vahr, 1958.

**28** Behelfsunterkunft für eine kinderreiche Familie im Flüchtlingslager Riespott, 1947.

Frauke Hellwig

# *Jedes Quadratzentimeterchen mit Essbarem bepflanzt*

## Die soziale Situation von Kindern und Jugendlichen in der Nachkriegszeit

Zu den prägenden Lebenserfahrungen vieler Kinder und Jugendlicher gehörten die durch den Krieg zerstörten Familien. Viele hatten ein Elternteil verloren; dass ein Kind bei den Großeltern oder in einer fremden Familie aufwuchs, war nichts Ungewöhnliches.

Dazu kam der grundlegende Mangel an lebensnotwendiger Versorgung nach dem Zweiten Weltkrieg. In Bremen waren fast zwei Drittel aller Wohnungen zerstört[1]. Die Wohnsituation der Familien war katastrophal: Jedes 3. Kind war »ausgebombt«, viele wohnten in einer Notunterkunft. Wer das Glück hatte, eine noch bewohnbare Wohnung zu haben, musste mit Verwandten oder einquartierten Familien zusammenrücken. Das beengte Zusammenwohnen mit den »ungebetenen Gästen« gestaltete sich für alle als konfliktträchtig. Fast die Hälfte der Schüler hatte kein eigenes Bett.

Dieter, Jg. 1935: *Die Notzeit fing für uns an, als wir im Dezember 1945 nach Mahndorf zogen. Wir blieben dort in zwei Zimmern in einem Bauernhaus. Das waren Dachkammern, die gewöhnlich für die Lagerung von Korn verwandt wurden. Die waren von der Bauernfamilie freigemacht worden, damit sie nichts von ihrem guten Wohnraum abgeben mussten. Dort gab es keine Heizmöglichkeit, und mein Vater organisierte dann so das Allernötigste, wie zum Beispiel eine Brennhexe, einen Hilfsofen, alles Blech. Wir hatten ja auch keine Betten. Wir kriegten dann Matratzen, die legten wir auf die Erde. Als Nächstes kriegten wir von alten Betten die Rahmen, die wurden auf Steine gestellt. Das war schon eine gewisse Verbesserung. Mein Vater war kriegsbeschädigt und musste sein eigenes Bett haben. Und das andere war für Mutter und für mich. Das ging dann so: Mutter mit dem Kopf nach der einen Seite und ich mit dem Kopf nach der anderen Seite. Es gab eine Waschküche, da holten wir das Wasser nach oben. Dazu hatten wir eine Schüssel. Eine Bademöglichkeit gab es nicht. Wir müssen ganz schön gestunken haben. Wir hatten auch Flöhe. Meine Mutter machte abends immer die Jagd nach Flöhen.*[2]

Marianne, Jg. 1939: *Wir waren am zweitletzten Kriegstag ausgebombt. Meine Eltern zogen in die 4-Zimmer-Wohnung zu meiner Großmutter. Es wohnte da noch eine Schwester meiner Mutter, und dann kam noch eine weitere Schwester meiner Mutter mit einem 4-jährigen Jungen, die kriegte dann noch einen Jungen. Wir waren also 8 in der 4-Zimmer-Etage, und die zankten sich andauernd. Die Fenster waren vernagelt, Heizung ging sowieso nicht, Wasser ging dann wieder. Man hatte Öfen, der Rauch wurde aus dem Fenster rausgeleitet, und gekocht wurde auf einer kleinen Brennhexe, die stand in der Mitte des Zimmers.*

Im Vordergrund der Erinnerungen an die für die heutige Zeit unvorstellbaren Wohnverhältnisse steht vor allem

**29** Bewohntes Haus in der Hemmstraße zwischen Ruinen.

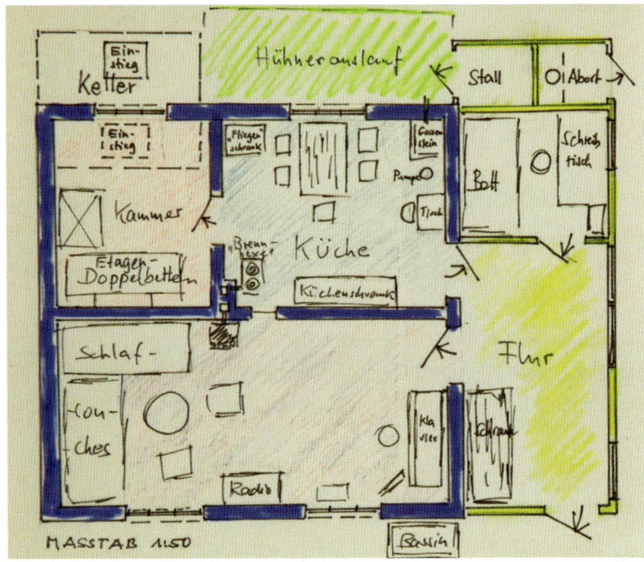


**30** Parzellenhaus im Teggeweg (Neustadt), 38 qm, bewohnt von einer fünfköpfigen Familie 1947 bis 1956.

die Kälte. Marianne erinnert sich an die Vorteile des Schulaufenthalts: *Wir waren also 52 Schülerinnen in der Klasse. Trotzdem, so eng wie bei uns zu Hause war es in der Schule nicht. Wir konnten damals nur unsere Küche heizen, und wenn wir alle acht im Warmen sein wollten, gab es nur eine Lösung: Kinder unter den Tisch!*[3]

Eine Zeitungsnotiz belegt, dass auch drei Jahre nach Kriegsende noch keine Normalisierung in Sicht war. Der *Weser-Kurier* schrieb am 23.11.1948: »Unter den durch den Krieg hervorgerufenen Notständen ist der Wohnraummangel vom sozialen und hygienischen Standpunkt aus der bedenklichste.«

Dieter: *Dieser Zustand hat sich eigentlich gar nicht geändert bis 1950. Wir kriegten dann zwar mal eine größere Brennhexe, aber Brennhexen blieben es.*

Zu den schwierigen Lebensverhältnissen gehörte nicht nur das Fehlen des sprichwörtlichen Daches über dem Kopf: Nur jedes fünfte Kind hatte ausreichende Bekleidung. Laut Erhebung von 1947 hatten von den schulpflichtigen Kindern 10 % kein Kleid, 15 % keine Unterkleidung, 40 % keine brauchbaren Schuhe und 85 % keine Strümpfe.[4] Auch in den Schulen waren die sozialen Probleme offenkundig. »Fehlen wegen Schuhmangels« war ein wesentliches Indiz für die soziale Not vieler Familien. Ein Lehrer der Volksschule Hohwisch dokumentierte in seinen Aufzeichnungen, wie Schulversäumnisse und soziale Not zusammengehörten: »Hella fehlt 14 Tage unentsch. Wird immer draußen gesehen. Verhältnisse schlurig. Hausbesichtigung am 28.1.1946. War erkältet, Bettnässer! Haushalt sehr unordentlich.« »Manfred, Kl. 1, schlechtes Schuhzeug. Fehlt deswegen häufiger. Manfred u. Robert fehlen seit dem 8.11. Angeblich wegen mangelhafter Kleidung u. mangelh. Schuhzeug, werden aber von den Mitschülern oft auf d. Straße gesehen. Sollen viel auf d. Straße spielen u. sollen jeden Tag in die Metzer Str. gehen, um dort Essensreste vom Amerikaner zu holen.«[5]

70 % aller Schulkinder galten zwei Jahre nach Kriegsende als unterernährt.[6] Der ständige Hunger und die Schwierigkeiten, etwas zu essen zu beschaffen, sind den Betroffenen bis heute deutlich in Erinnerung. Für fast alle Zeitzeugen und Zeitzeuginnen gehört die Schulspeisung der Alliierten zu den lebhaftesten Eindrücken aus der Schulzeit. Sie begann im März 1946 und wurde bis zum September 1950 durchgeführt.

Ingrid, Jg. 1940: *Diese Schulspeisung. Ich hab sie mit nach Hause genommen, aber so schlimm war das bei uns nicht. Aber viele haben auch davon gelebt. Die haben sich auch mal gekloppt auf der Straße, dann waren da die Spuren. Es gab manchmal Kakaosuppe oder Bohnensuppe - ich seh die da noch so stehen.*

**31** Anstehen nach Wasser in den Notunterkünften, 1945/46.

Auch die Versorgung mit Carepaketen spielte für viele Familien eine wichtige Rolle. Wer ein Carepaket ergatterte, hoffte nicht nur auf notwendige Lebensmittel, sondern auch auf Bekleidung und manchmal ein »Stückchen Luxus« wie Nylonstrümpfe, Kosmetikartikel oder ein Spielzeug. Beziehungen – egal, ob zu Verwandten im Ausland, zu den amerikanischen Besatzungsbehörden oder zu Verwandten und Bekannten auf dem Land – waren von entscheidendem Vorteil, um lebensnotwendige Güter zu organisieren.

Christa, Jg. 1941: *Meine Eltern waren damals Selbstversorger, im Garten war jedes Quadratzentimeterchen mit Essbarem bepflanzt. Wir hatten Schweine, Kaninchen, Hühner, aber das hatten alle hier in Obervieland. Mein Vater war Straßenbahnarbeiter, wir waren finanziell nicht auf Rosen gebettet. Da war es wichtig, dass man etwas zu essen hatte. Ein großer Glücksfall war, dass wir Verwandte in Amerika hatten, die uns Carepakete*

**32** Kohlenklau am Bahndamm kurz vor dem Hauptbahnhof, 1946/47.

**33** Brennhexe, gehäkelte Bettschuhe, Wärmflasche, 1945/46.

*schickten. Und mit einem Pfund Kaffee konnte man damals eine ganze Menge machen. Der größte Teil wurde irgendwie verhökert.*

Die Selbstversorgung durch ein bewirtschaftbares Stückchen Land, das »Fringsen« (Kohlenklauen), »Hamstern« und sonstige Organisieren des Überlebens bestimmten den Tagesablauf. Entsprechend hatten viele Erwachsene kaum Zeit, sich um die Kinder zu kümmern. Zur materiellen Not kam häufig ein »Auf-sich-gestellt-Sein« von Kindesbeinen an: *Eltern lernten selten mit ihren Kindern, denn sie hatten Wichtigeres zu tun: Hamstern, Schlange stehen, das Haus reparieren, uns aus Vorhängen Zeug nähen, kurz: Sie mussten alles aus nichts herstellen.* Und die Zeitzeugin fährt fort, in Erinnerung an ihre frühe Schulzeit: *Aber das Beste [in der Schule] war Fräulein Sander: Sie hatte immer Zeit für Kinder. Zu Hause beschäftigten sich die Erwachsenen mit uns nur nebenbei.*[7] Nicht nur die Eltern waren mit dem Organisieren des Alltags beschäftigt – häufig mussten die älteren Kinder dabei helfen. Sie standen in der Schlange nach Milch an, passten auf die Geschwister auf oder erledigten andere Aufgaben, wie zum Beispiel Karl, Jg. 1939: *Meine Mutter hat gearbeitet, mein Vater hat gearbeitet, die kamen ja erst so um 4 Uhr nach Hause. Die Schule war um 1 Uhr beendet, dann hieß es Schularbeiten machen. Und dann musste man im Winter erst mal Feuer machen, Aufwaschen vom andern Tag, Kartoffeln schälen musste ich, ich hatte immer so meine Aufgaben. Dann habe ich die Kartoffelschalen zu Großvater gebracht, für die Kaninchen, dann wieder zurück. Dann kam meine Mutter von der Arbeit, dann gab es was zu essen.*

Die Stadt als Trümmerlandschaft und die Wohnungsnot, Lebensmittelknappheit und der kalte Winter 1946/47 prägen die Erinnerungen an die Nachkriegszeit. Wenige Zeitzeugen erzählen von gravierenden sozialen Unterschieden. In den meisten Erinnerungen

**34** Hose aus einem Armeemantel, Pullover aus Zuckersack-Garn, ca. 1945.

**35** Heike, Jg. 1942, mit ihrer kleinen Schwester, August 1948.

hat die existenzielle Not alle betroffen – quer durch alle sozialen Schichten waren Familien zerstört, alle waren mit denselben Problemen konfrontiert. Dabei war die Lebenssituation auf dem Land sicherlich einfacher. Hier war die Lebensmittelversorgung besser, und Wohnungen und Infrastruktur waren deutlich weniger von Kriegszerstörungen betroffen. Weil die Stadt die Versorgung der Bevölkerung nicht gewährleisten konnte, wurde von Juli 1945 bis 1950 eine Zuzugssperre nach Bremen verhängt. Viele Bremer Familien blieben, freiwillig oder erzwungenermaßen, noch lange nach Kriegsende in Dörfern bei Verwandten wohnen.

Einen offenkundigen sozialen Unterschied gab es trotz der allgemeinen Not auch zwischen den gut vernetzten alteingesessenen Bremer Familien und den meisten Flüchtlingsfamilien: Wer als Flüchtling nur mit einem Koffer kam, ohne Beziehungen und Einkommen, in Notunterkünften einquartiert, hatte es weitaus schwerer, das Überleben der Familie zu sichern. Bis August 1947 kamen 42.000 Flüchtlinge nach Bremen[8]. 37 % der schulpflichtigen Flüchtlingskinder lebten nördlich der Lesum, weil der Bremer Norden weniger von den Kriegszerstörungen betroffen war. Trotzdem lebten viele dieser Kinder mit ihren Familien in einer 1-Raum-Wohnung – betroffen war jedes vierte Flüchtlingskind statt wie bei den Ortsansässigen »nur« jedes zwölfte Kind[9]. In überproportional vielen Flüchtlingsfamilien galten die Väter noch als »vermisst«, und die Mütter arbeiteten außer Haus. Häufig wurden Flüchtlingsfamilien schief angesehen, weil sie katholisch waren oder einen »merkwürdigen« Dialekt aus dem Osten hatten. Walter, Jg. 1938: *Gleich nach dem Krieg kamen aus dem Osten Flüchtlinge, da kamen ja diese vielen Kinder in die Klasse dazu, aus Memel hatten wir welche, aus Danzig, die sprachen alle gut Deutsch, so ist das nicht, aber die waren, das ist ja dumm, wenn ich das jetzt so sage, aber die waren ein bisschen anders. Das waren Flüchtlinge, die waren ja ohne Heimat, die waren nicht so ordentlich, die haben wir alle so'n bisschen, jedenfalls am Anfang, behandelt, als ob die nicht dazugehörten.*

Die Ausgrenzung in der Schule beschreibt eine Zeitzeugin an einem alltäglichen Beispiel, dem Poesiealbum:

Karin, Jg. 1939: *Es kamen die Flüchtlingskinder dazu, die in der Waller Feldmark wohnten. Da bin ich ganz ehrlich: Bei uns 50 Kindern gab es Cliquen, und da hatte es ein neuer, ich sag mal in Anführungszeichen »fremder Schüler«, schwer, hineinzukommen. Wir waren nichts besser als heute. Kinder sind doch so was von hart in der Beziehung. Ich hatte immer nur meinen Kreis um mich herum, und da kam auch keiner rein. Und wenn ich jemandem von ihnen mein Poesiealbum gab, dann hatte das einen Grund. Entweder hatte meine Mutter gesagt, ›Du kannst nicht immer nur die und die nehmen‹ oder, dass sie mir einen Liebesdienst getan hatte oder so, dann durfte sie auch reinschreiben.*

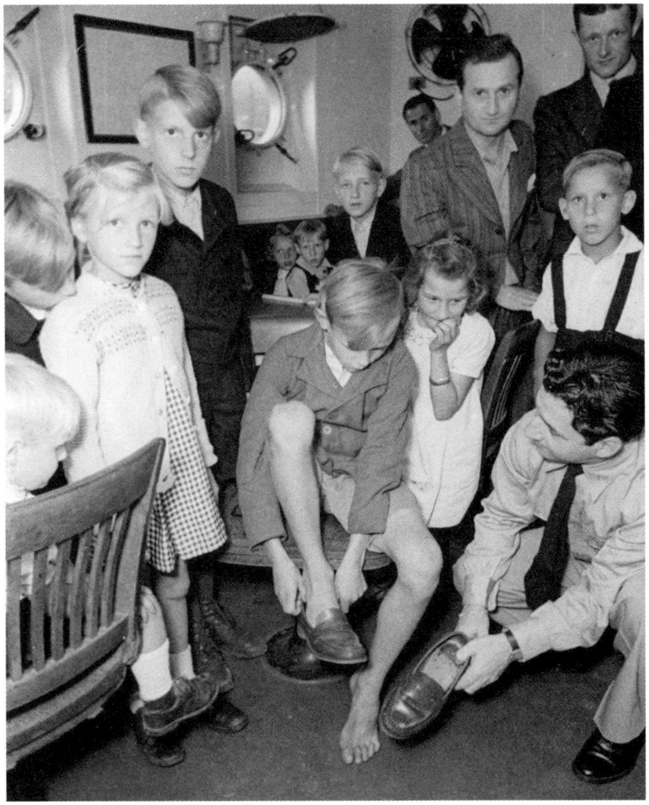

**36** Schuhausgabe für Kinder, um 1947.

Aber es findet sich auch folgende Erinnerung, die deutlich macht, dass eine Pädagogin die Schulgemeinschaft zwischen Flüchtlingskindern und Alteingesessenen stärken wollte: *Wir fingen im Oktober 1945 mit 40*

**37** Die neuen Banknoten – 1-DM-Schein, 1948; dazu aus einem Schulheft: *Montag, 21. Juni: Heute hat das neue Geld seine Gültigkeit. Als ich durch die Straßen ging, sah ich vor den Geschäften keine Schlangen mehr stehen. Viele Schaufenster hatten ein anderes Gesicht bekommen.*

*Mädchen an, aber nun kamen viele Flüchtlinge und Evakuierte wieder nach Bremen, und bis Weihnachten nahm unsere Klasse zwölf neue Schulanfängerinnen auf. Jeden Tag, wenn wir Schreiben hatten, ging Fräulein Sander zu den Neuen, um mit ihnen das Verpasste nachzuholen. Immer erzählte sie uns von den guten Fortschritten, damit wir alle über die Neuankömmlinge staunten.*[10]

Noch seltener als die sozialen Probleme innerhalb der Klasse wird die Stigmatisierung der Kinder aus unehelichen Beziehungen von Zeitzeugen und Zeitzeuginnen erwähnt. Dabei waren in den instabilen Familienbeziehungen nach dem Krieg uneheliche Kinder und »Besatzungskinder« nicht selten. Häufig war der Umgang mit solchen Beziehungen selbst in der eigenen Familie schwierig; in der Nachbarschaft und der Schule erfuhren die Kinder soziale Ausgrenzung.

Ingrid, Jg. 1940: *Für mich war das ganz schlimm, weil meine Mutter nicht verheiratet war. Mein Vater ist ja im Krieg gefallen und meine Mutter hat sich nie dazu bekannt, dass sie ›einen Freund‹ hatte, und dann wurde*

**38** Beim Einkaufsbummel am Hillmannplatz, 1951.

*immer gesagt, ›ach, deine Mutter hat einen Freund‹ … das war das Allerschlimmste für mich in der Schule. Ich hab sehr drunter gelitten, dass meine Mutter nicht dazu gestanden hat. Weil sie nicht verheiratet waren – das war ja damals ein Makel, das nannte sich dann immer ›Kriegerwitwe‹ –, dachte ich, meinetwegen müssten sie doch heiraten, das hab ich mir so gewünscht. Die Mitschüler sind nicht gut mit uns umgegangen.*

Trotzdem gewöhnte man sich an die Verhältnisse, und ein Junglehrer beschreibt die Situation 1950 so: *Wir haben in vielen Fällen Hausfrauen gehabt, wo die Männer gefallen waren. Das war für die Frauen natürlich schon nicht ganz einfach, aber die kamen eigentlich damit klar, das war eben so. Und vielfach war das auch so, dass der Opa oder irgendein Opa als Vaterersatz da war.*

Für die meisten Zeitzeugen gilt die Erinnerung an den Mangel für die Zeit bis zur Währungsreform im Juni 1948. Dabei ist der Eindruck plötzlich »voller Schaufenster« auch sicher ein Hilfskonstrukt, um die sich allmählich verbessernden Lebensbedingungen zeitlich festzulegen. Dass die Zahl der Unterstützungsempfänger beim Wohlfahrtsamt direkt nach der Währungsreform zunahm,

**39** Kochbuch von Dr. Oetker, 1957, und Kinderbuch *Mümmelmann weiß sich zu helfen* von Eduscho, 1950er Jahre.

zeigt deutlich, dass nicht alle Familien von der Reform profitierten[11]. Auch die massiven öffentlichen Proteste im November 1948 gegen die Verteuerung sind ein klares Indiz dafür, dass die neue D-Mark nicht allen den schnellen Zugang zu den lang ersehnten Gütern bescherte.

Allerdings verbesserte sich nach der Abschaffung der Lebensmittelmarken die allgemeine Ernährungslage. Die amerikanische Schulspeisung wurde eingestellt. Zur Verbesserung der Ernährungssituation der Schulkinder wurde von September 1950 bis Juli 1951 noch die »deutsche Speisung« weitergeführt. »Der Gesundheitszustand zahlreicher Schulkinder war aber so unbefriedigend, dass von Ärzten die Wiedereinführung dringend empfohlen wurde. Vom 12. November 1951 ab wurde ein Schulfrühstück (1/4 l Vollmilch oder Kakao mit Zubrot) gegeben.«[12] Daran nahmen 50 % der Schüler teil.

Bis 1948 hatte sich die Bautätigkeit in Bremen im Wesentlichen auf die Wiederinstandsetzung von Wohngebäuden beschränkt. Der Bau von festen Wohnlauben, den sogenannten Kaisen-Häusern, fing viele Wohnungslose auf.

**40** In Ratgeberbüchern wird nun »Das Reich des Kindes« beschrieben – hier: *Das praktische Haushaltsbuch*, 1954.

Bis Ende 1953 schätzte man die Bewohner der Parzellen auf 48.000 bis 50.000.[13] Die Wohnungslage entschärfte sich erst allmählich, und noch in den 1950er Jahren wohnten viele Familien in Notwohnungen und Behelfsunterkünften. Eine entspanntere Wohnungssituation entwickelte sich Mitte der 1950er Jahre nach den ersten Wohnungsbauprogrammen wie in Hemelingen und im Bremer Westen. Bis 1955 waren über 60.000 neue Wohnungen fertiggestellt. Für die Kinder und Jugendlichen markierte der Umzug in eine neue Wohnung häufig einen völlig neuen Zeitabschnitt. Dieter, Jg. 1935: *Zu Weihnachten 1950 sind wir wieder nach Bremen gekommen. Wir sind in die Heinrich-Hertz-Straße gezogen. Das waren Blocks*

**41** Autorennen auf dem Freimarkt, 1949.

**42** Schuheinkauf dank einer amerikanischen Spende, 11. Juni 1951.

*von der Beamtenbaugesellschaft, und mein Vater kriegte eine Wohnung. Das kann man nicht beschreiben, aber man lebte auf. Es gab auf einmal ein paar Dinge, die vorher noch nie da waren. Wir hatten ein Badezimmer, und in dem Badezimmer, da war eine Badewanne. Das war meine erste Badewanne, die ich kennenlernte.* Und Edith, Jg. 1942: *Dann hat meine Mutter so ein kleines Häuschen von der Treuhand gekauft, und wir sind hier nach Huchting gezogen. Das hatte ein Wohnzimmer, eine kleine Küche, eine Toilette – eine richtige Toilette war ja damals ganz toll... und oben waren zwei kleine Schlafzimmer; mit einem kleinen Garten, das war für uns ganz herrlich.*

Ingrid, Jg. 1940: *1953 sind wir in diese Wohnung in der Vahr gezogen. Das waren die ersten Wohnungen, die hier nach dem Krieg neu entstanden sind, mit Dusche und mit Heizung. Da haben wir gedacht, wir kommen in ein Schloss, so toll.*

Auch ohne Wohnungswechsel war der Aufschwung in den 1950er Jahren für Kinder und Jugendliche spürbar. Marianne, Jg. 1939: *Es war wie ein Wunder, dann im 11.–13. Schuljahr [ab 1956], was es alles gab. Die Wohnverhältnisse waren besser geworden, man konnte was kaufen.* Christa, Jg. 1941: *Damals war das Land im Aufschwung. Und man kriegte auch als Kind mit, dass es irgendwie langsam aufwärtsging. Allmählich konnte man sich immer mehr gönnen, man sah auch, dass die Eltern etwas mehr Geld zur Verfügung hatten, und die Ansprüche nahmen zu. Meine Eltern waren immer sehr bescheiden, haben immer viel gearbeitet, aber dennoch, das eine oder andere gönnten sie sich dann eben doch.*

Die Narben, die Kriegszeit und Not bei Erwachsenen und Kindern hinterließen, waren trotzdem weiter präsent und prägten auch den Schulalltag. Viele Zeitzeugen erinnern sich an ein distanziertes, respektvolles oder von Angst geprägtes Verhältnis zu ihren Lehrern, mit denen man über private Probleme nie gesprochen hätte. Ingeborg, Jg. 1947: *Die Fürsorge der Lehrer ist heute eine ganz andere. Damals, dass Sie nun backen geblieben sind, da hat sich keiner drum gequält, warum das so sein könnte, das war halt so und dann ab die Post. Ich könnte mich nicht entsinnen, dass ich einem Lehrer erzählen konnte, was bei uns zu Hause los war, das hätte keinen Lehrer groß interessiert. Das war noch ein ganz anderes Verhältnis.*

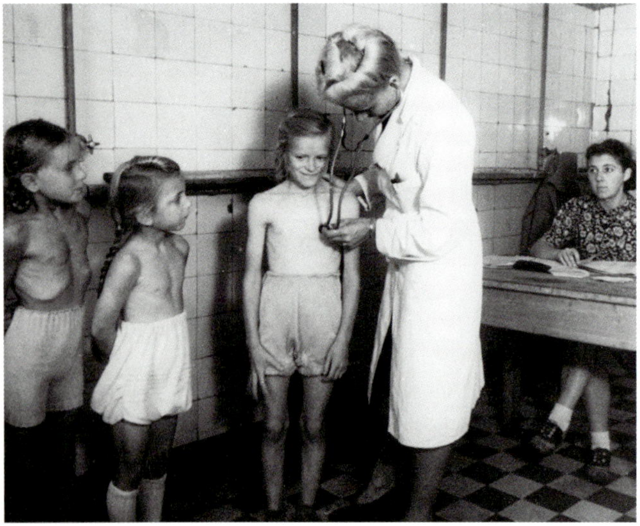

**43** Reihenuntersuchung, um 1948.
**44** Eine Lehrerin gibt Schulspeisung aus, 1946.
**45** Essen im Klassenraum. Es gab Schokoladensuppe, um 1948.

## *Mit leerem Magen kann man nicht lernen*

Das Schlimmste nach dem Zweiten Weltkrieg war, dass viele Familien Hunger leiden mussten. »*Obwohl wir alle dankbar darüber waren, dass die Schulen wieder funktionierten, – aber mit hungerndem Magen kann man einfach nicht lernen*«, so eine Zeitzeugin.

Bereits im August 1945 forderte der für Schulen zuständige Senator Christian Paulmann, gleichzeitig mit der Wiedereröffnung der Schulen eine Schulspeisung zur Besserung des Gesundheitszustandes der Kinder einzuführen. Die amtsärztliche Untersuchung der Bremer Schulkinder im Jahre 1946 ergab, dass zwei von drei Schulkindern keine ausreichende Ernährung bekamen und darum mit schwerwiegenden Folgen der Unterernährung zu kämpfen hatten. Vielen Lehrkräften ging es kaum besser.

Im März 1946 wurde von der britischen Militärregierung für ca. 25.000 Schulkinder eine Schulspeisung angeordnet, die in zwölf Großküchen zubereitet wurde. Lehrkräfte, Hausmeister und die Helfer des Arbeiter-Hilfswerkes sorgten für die Verteilung in den Bremer Schulen. Für jedes Kind gab es täglich einen halben Liter warmes

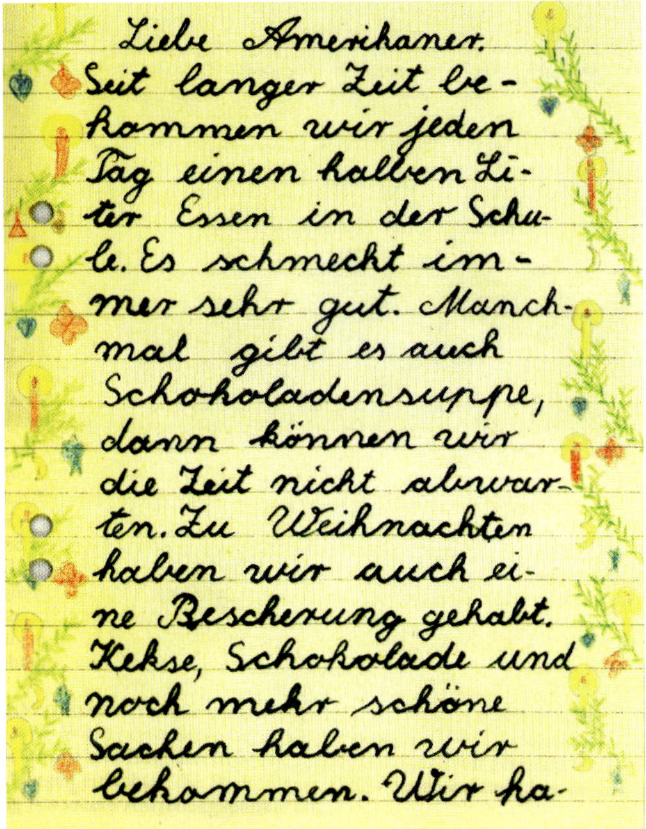

Liebe Amerikaner.
Seit langer Zeit be-
kommen wir jeden
Tag einen halben Li-
ter Essen in der Schu-
le. Es schmeckt im-
mer sehr gut. Manch-
mal gibt es auch
Schokoladensuppe,
dann können wir
die Zeit nicht abwar-
ten. Zu Weihnachten
haben wir auch ei-
ne Bescherung gehabt.
Kekse, Schokolade und
noch mehr schöne
Sachen haben wir
bekommen. Wir ha-

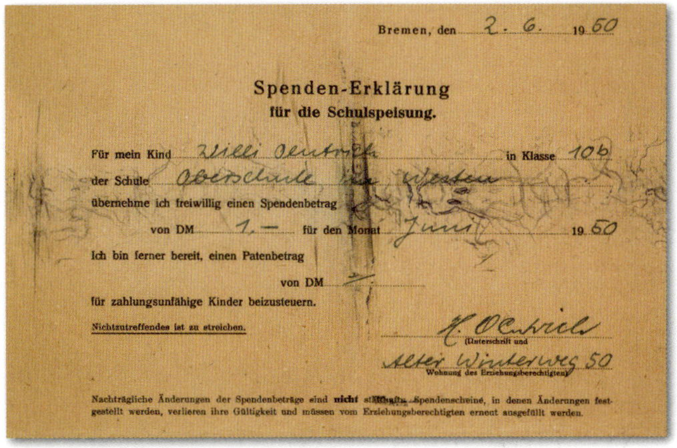

Bremen, den 2. 6. 1950

**Spenden-Erklärung**
**für die Schulspeisung.**

Für mein Kind Willi Oelrich in Klasse 10b
der Schule Oberschule [illegible] Westen
übernehme ich freiwillig einen Spendenbetrag
von DM 1.– für den Monat Juni 1950
Ich bin ferner bereit, einen Patenbetrag
von DM –/–
für zahlungsunfähige Kinder beizusteuern.

Nichtzutreffendes ist zu streichen.

H. Oelrich
(Unterschrift und
Alter Winterweg 50
Wohnung des Erziehungsberechtigten)

Nachträgliche Änderungen der Spendenbeträge sind **nicht** statthaft. Spendenscheine, in denen Änderungen festgestellt werden, verlieren ihre Gültigkeit und müssen vom Erziehungsberechtigten erneut ausgefüllt werden.

**46** Einer der zahlreichen Dankesbriefe an die US-Militärregierung, von Schüler/innen der 4. Klasse an der Delmestraße verfasst, 1947.
**47** Soweit die Eltern dazu in der Lage waren, bezahlten sie einen regelmäßigen Beitrag für ihr Kind zur (deutschen) Schulspeisung und spendeten für weitere Kinder, 1950.

Essen. Der Speisezettel war einfach: viermal in der Woche Hülsenfruchtsuppen, zweimal Milchsuppen. Der Nährwert pro Portion betrug etwa 350 Kalorien. Trotzdem waren die damaligen Schulkinder angesichts der dramatischen Ernährungssituation sehr dankbar. Sehnsüchtig warteten sie auf die tägliche Lieferung der dampfenden Essenkübel. Dann standen sie in langen Reihen an, bewaffnet mit Konservenbüchsen, alten Kochtöpfen oder ähnlichen Behältern.

Mit der Konstituierung des Landes Bremen übernahm die amerikanische Militärregierung die wichtige Aufgabe der Schulspeisung. So konnte sie bis Juni 1947 ohne Unterbrechung fortgesetzt werden. Der frühere amerikanische Präsident Herbert Hoover, Gründer des amerikanischen Hilfswerks »Rettet die Kinder«, hatte sich bereits im März 1946 von der Not in Deutschland überzeugt. Die amerikanische »Hoover-Speisung« wurde auf alle Schuljahrgänge ausgedehnt; sie versorgte täglich bis zu 83.000 Kinder und Jugendliche in Bremen und Bremerhaven. Besonders gefreut haben sich die bedürftigen Kinder, als es zu Weihnachten außer Süßigkeiten und Obst auch Kleidung gab. Nach der Währungsreform wurde die Versorgungslage der Bevölkerung besser, sodass die Alliierten ihre Schulspeisung Mitte 1950 ganz einstellten.

*Rudi Geisler*

**48** Schwerer Eisgang auf der Weser, 1946/47.

## *Boote brachten Essen über die Weser*

Der kalte Winter 1946/47 bedeutete für die Lieferung der Schulspeisung eine Katastrophe. Die notdürftig hergestellten Weserbrücken von der Neustadt zur anderen Stadtseite waren durch massiven Eisgang erneut so beschädigt bzw. zerstört worden, dass die Gas-, Wasser- und Stromversorgung zusammenbrach. So gab es auch keine Transportmöglichkeit mehr, um das Essen von den Großküchen in der Neustadt zu den Schulen auf der anderen Weserseite herüberzubringen. Doch selbst das hat die Helferinnen und Helfer nur wenige Tage aufgehalten: Hausmeister ruderten trotz der Kälte die Essenkübel für ihre Schulkinder über die Weser, damit die erwartungsvollen Augen und knurrenden Mägen nicht enttäuscht werden mussten. Sieben Wochen nach der Eiskatastrophe konnte der Fahrzeugverkehr über eine Notbrücke wieder aufgenommen werden.

*Rudi Geisler*

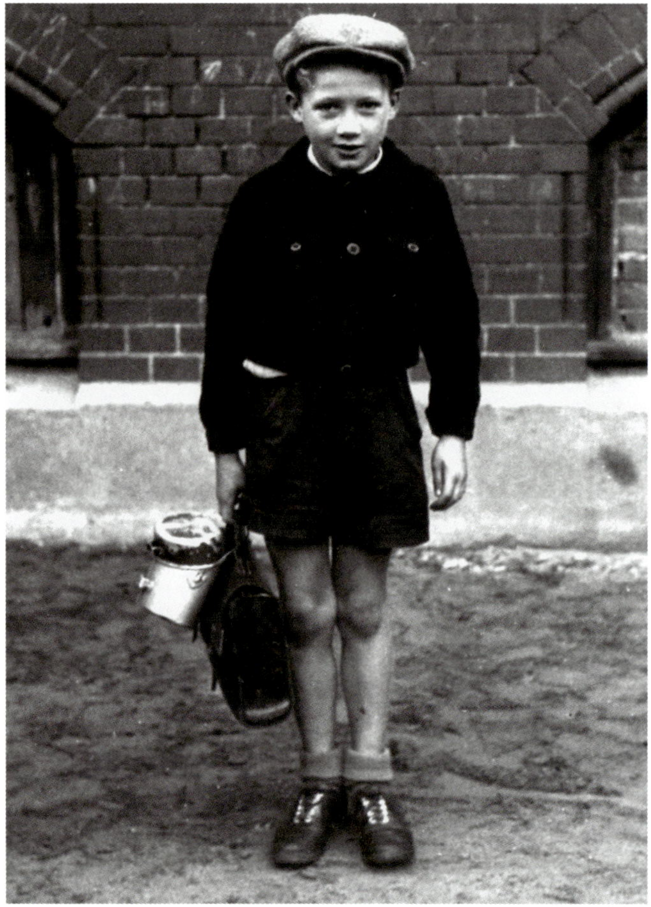

**49** Karl, Jg. 1939, ging mit Ranzen und Schulspeisungsgefäß zur Schule an der Karlstraße, 1948.

## *Puddingsuppen und Bananen*

Dieter, Jg. 1935, erinnert sich: *Nach dem Krieg wurde die Versorgung mit Nahrungsmitteln auch in unserer Familie immer bedrohlicher. Es gab zwar nach wie vor Lebensmittelmarken, doch oft kam es vor, dass die darauf genannten Mengen nicht ausgegeben werden konnten. 1946 konnte meine Mutter kein Mittagessen mehr täglich für sich und mich kochen, weil keine Vorräte hierfür aufzutreiben waren. Mein Vater aß am Arbeitsplatz in der Postkantine. Wir mussten zwar noch nicht verhungern, aber es gab nicht genügend Brot, Kartoffeln, Fett, von Gemüse und Obst ganz zu schweigen. Ich erinnere mich noch an den »Brotaufstrich«, eine ziemlich undefinierbare Streichmasse aus Grieß, Mehl, Talg und Salz, die an Stelle von Wurst und Käse auf die Brotschnitte – eine von fünf täglich zugeteilten – geschmiert wurde, nur dünn natürlich.*

*Als ab Mitte 1946 die Schulspeisung begann, traten wir Mahndorfer Schulkinder klassenweise unten im Schulflur an, um unsere Essensportionen zu empfangen. Kochgeschirre, die wir auch als Trommeln und Krachwerkzeuge benutzten, mussten wir von zu Hause mitbringen. Beliebt waren bei uns die »Puddingsuppen«, wohlschmeckende Milchsuppe als Vanille-, Erdnuss- oder Schokoladensuppe. Aber auch die Erbsensuppe erfreute sich großer Beliebtheit, denn sie enthielt ausreichend Speck und Fleisch. In Mahndorf konnten wir oft auch Portionen mit nach Hause nehmen, so reichlich wurde angeliefert.*

*Die Amerikaner versorgten uns zusätzlich mit Schokolade – Blockschokolade – und Bananen. So habe ich damals wahrscheinlich zum ersten Mal in meinem Leben eine Banane bekommen. Das habe ich bis heute nicht vergessen, wie die Büschel in der Klasse aufgeteilt und an Schüler ausgegeben wurden.*

*Als ich 1947 auf die Oberschule an der Hermann-Böse-Straße wechselte, gewann die Schulspeisung noch größeren Wert, weil wir fast täglich lange Wartezeiten auf die zumeist überfüllten Züge hinnehmen mussten.*

*Für mich stimmt, was der Mitorganisator der Schulspeisung in Bremen, Lehrer Paul Klapproth, später einmal treffend schrieb: »Das Werk der Schulspeisung aber wird im Buch der Geschichte ewig von menschlicher Hilfsbereitschaft und von echter Nächstenliebe künden.«*

**50** Gefäß und Löffel für die Schulspeisung aus den 1940er Jahren.

**51** Nach der Einstellung der allgemeinen Schulspeisung konnten die Schüler/innen in der großen Pause warme Schulmilch erhalten, Milchausgabe-Schalter Schule Lothringer Straße, 1956.

**52** Beliebt und platzsparend: das Quartett, z.B. zur Olympiade 1952.
**53** Brettspiel am Sonntag mit der Familie, 1957.
**54** Die Babypuppe mit »Schlafaugen« wurde in den 1950er Jahren der Traum vieler »Puppenmuttis«.
**55** Häufig wurde Spielzeug selbst gebastelt wie dieser einfache Hase zum Ziehen, 1946.

## *Spiel-Räume*

»Heutzutage fehlt den Kindern oft ein Spielplatz. Dazu gehört der notwendigste Raum und die Ungestörtheit, die es zum Spielen braucht. Der beste Spielplatz für unsere Kinder ist und bleibt die Natur. Ein Stückchen Garten mit einer Sandkiste oder der väterliche Bauernhof eignen sich gut zum Spielen. In der Großstadt ist den Kindern nur selten ein solch schöner Spielplatz geboten. Daher sollten die Kinder in der Wohnung eine kleine Spielecke haben. Eine kleine, aber gut beleuchtete Ecke, in der die Spielkiste steht und das Kind bauen, basteln und kleben darf. Ein kleines Tischchen läßt sich leicht aus einer Kiste zimmern. Reicht der Platz für ein Stühlchen nicht aus, wird die Spielkiste als Sitzgelegenheit genommen. Für die größeren Kinder wird ein kleines Regal angebracht. Gewiß wird sich jedes Kind in solch einer Spielecke wohlfühlen« – dies lernten die Hauswirtschaftslehrlinge in der Berufsschule Ritter-Raschen-Straße 1955.

Viel mehr als in eine solche Kiste passt, besaßen wohl die wenigsten Kinder in den 1950er Jahren. Großes und wertvolles Spielzeug, z.B. die Eisenbahnanlage oder die Puppenstube, wurde meist nur zu Weihnachten aufgebaut und nach einigen Wochen wieder weggeräumt, um im nächsten Jahr ergänzt und »aufgemöbelt« wieder zu erscheinen.

Allerdings erinnern sich fast alle Zeitzeugen vor allem an das Spielen auf der Straße – zumeist ohne Aufsicht, nur mit den älteren Geschwistern oder Nachbarskindern. Der in Hammersbeck aufgewachsene Walter, Jg. 1938, erzählt: *Das Drinnesein, das war bei uns damals praktisch nur Essen und Schlafen.*

*Frauke Hellwig*

**56** Das besondere Spielzeug: Kaufmannsladen von Erika, Jg. 1949; Indianerfiguren mit von der Mutter angefertigtem »Wigwam«, um 1955; Schuco-Varianto-Bahn von Erhard, Jg. 1947. Die Autos können auf den Fahrbahnen gesteuert werden, Anbauteile bieten viele Spielmöglichkeiten.
**57** Jungen bauen sich aus Benzinkanistern des Militärs »Blech-Tanker« zum Paddeln, 1950.
**58** Mädchen beim Marmelspiel, Vor dem Steintor, 1953.

**59** Kinder spielen in den Trümmern: Mit schöpferischer Fantasie bauen sie auf und richten eine Wohnung ein, aufgenommen im Hafenviertel im Bremer Westen, 1946.

Hermann Stöcker

# *Das außergewöhnliche Elend*

## Schwierige Bedingungen für die Persönlichkeitsentwicklung

Krieg, Nationalsozialismus und Nachkriegszeit haben Kinder auf ganz unterschiedliche Weise seelisch gezeichnet. Die um 1930 Geborenen, die in der Hitlerjugend organisiert waren, fühlten sich am Ende des Krieges befreit oder litten am Zusammenbruch ihrer Ideale. Sie und auch die etwas Jüngeren trugen nach dem Krieg zum Lebensunterhalt der Geschwister bei und waren häufig »Beschützer« der Mutter. Sie gerieten nicht selten in spannungsvoll feindselige Rivalität mit dem aus Krieg oder Gefangenschaft heimkehrenden Vater. Eine andere Ausgangslage hatten die ab 1939 Geborenen, die als Säuglinge oder Kleinkinder Bombennächten und Flucht ausgeliefert waren. Auch die erst nach dem Krieg Geborenen litten unter frühem Mangel oder Knappheit an fast allem, häufig aber vor allem an ungenügender Zuwendung. Viele unterlagen den unbewussten »Aufträgen« der Eltern, die diese schweigend oder auch prügelnd übermittelten. Für die weitere Entwicklung dieser unterschiedlich belasteten Kinder und Jugendlichen war entscheidend, ob Mütter und Väter Schutz, Orientierung und Unterstützung bieten konnten oder zusätzlich behindernd oder desorganisierend wirkten. Manche fanden in letzterem Fall mit einem Onkel oder einer Tante, einem ›Lieblingslehrer‹ oder Ausbilder ›Ersatzeltern‹ und konnten sich so Entwicklungsräume schaffen.

Bis zur Währungsreform, meist noch bis weit in die 1950er Jahre hinein, war das Leben aller Kinder und Jugendlichen von der allgegenwärtigen Not geprägt. Sie waren Mit-Helfer bei der Bewältigung des Alltags und dem Wiederaufbau, bei Reparatur und Einrichtung der Wohnung, der Vervollständigung von Hausrat, der Besorgung von Lebensmitteln, Kleidung und Heizmaterial. Für traumatische Erlebnisse und Entbehrungen der Vergangenheit und auch für die gegenwärtigen Nöte, Bedürfnisse und Fragen der Kinder und Jugendlichen gab es seitens der Erwachsenen meist nicht genügend Verständnis. Außerdem fehlte auch die gesellschaftliche Auseinandersetzung über Schuld und Leid, in der das traumatische Erleben der Kinder und Jugendlichen hätte bearbeitet werden und einen Platz finden können.

Für die 10-Jährigen bestand der Alltag 1950 aus ›Schule, Spielen, Helfen und Essen‹, wobei das Spielen oft zu kurz kam. Unbewusst vermieden sie Kritik und Konflikte, die es besonders in der räumlichen Enge des Zusammenlebens gab. Es fehlte an Raum für eine eigene Sphäre oder Intimität, oft gab es nicht einmal ein eigenes Bett. In einer Studie von Baumert, für die er 1950 Kinder und Jugendliche einer ähnlich zerstörten Stadt wie Bremen befragte, sprechen diese emotionslos vom »ausgebombt sein«. »Ausgebombt sein ist zum Status geworden, den die Kinder ebenso unbewegt angeben wie ihre Konfession oder den Beruf des Vaters.«[1] Wenn überhaupt, beschrieben die Kinder die Zerstörung des

**60** Behelfsunterkunft im zerstörten Stadtteil Walle, 1946.
**61** Flüchtlingskinder im Behelfsheim, 1959.
Kinder von Flüchtlingen litten oft unter den Traumata der Flucht, der oft langen Arbeitslosigkeit der Eltern und der Ablehnung durch die Einheimischen.
**62** Drei Geschwister im Schnoor, 1946.

Zuhauses in Verbindung mit gegenwärtigen materiellen Notständen: Jetzt »müssen wir uns wieder alles anschaffen«.[2] Die Schilderungen gaben nur die äußere Situation wieder, und bei direkten Nachfragen nach dem Erlebten antworteten sie: »Das weiß ich nicht mehr so richtig.« – »In der Nähe war eine Bombe gefallen.« – »Auf einmal flog die Mutti an die Wand.« – »Da brannte es.«. Über Empfindungen hätten die Kinder nicht gesprochen, so Baumert. Auf Nachfragen habe die zehnjährige Ilse »mit großen Augen ins Leere« geschaut und den einzigen Eindruck geschildert, der »starke Spuren hinterlassen« habe: »Da brannte es. Es war eine große Flamme, in die flogen Vögel hinein.«[3] Die Gefühllosigkeit, das ›Vergessen‹ und die verfremdend wirkende Schilderung sind Hinweise auf eine Abwehr nicht zu verarbeitender Erlebnisse, traumatischer Schädigung.

Wenn die Kinder von den Müttern aus den Betten gerissen wurden und dann in einem überfüllten Bunker dem Motorengeräusch der Bomber, dem Heulen der Luftminen und den Detonationen lauschten, war entscheidend, ob sie ihre Ängste durch die Haltung und das Vorbild der Erwachsenen so weit beruhigen konnten, dass eine gewisse Zuversicht gewahrt blieb. Wenn das Gesicht der Mutter selbst von Panik und Todesangst gezeichnet war, wurde auch das Kind von seinen Ängsten überwältigt. Dass Kinder aber auch versuchten, nach einem Bombenangriff ihre Erlebnisse spielerisch zu verarbeiten, zeigt eine Beobachtung von Baumert aus der Kriegszeit: Die Kinder spielten mit ihren Puppen, dass diese erschrocken sind oder Angst haben und trösteten und beruhigten sie beim gespielten Weg in den Luftschutzkeller, wobei sie sich untereinander vergewisserten, an alles Notwendige gedacht zu haben.[4] Sie versuchten damit, sich selbst und gegenseitig jenen Halt und jene Zuversicht zu vermitteln, die ihnen die Mütter im Bunker oder Keller oft nicht mehr geben konnten.

Über die Kriegsjahre hinweg wurde besonders die für Säuglinge und Kleinkinder entwicklungsnotwendige Erfahrung von Schutz und Geborgenheit zunehmend bedroht. Denn durch das Fehlen der Männer waren viele Mütter in dieser Ausnahmesituation auf sich alleine gestellt und dadurch immer weniger in der Lage, sich den Kindern freundlich und feinfühlig zuzuwenden. Sie mussten die ökonomische Absicherung der Familie durch Berufstätigkeit übernehmen oder waren ab 1943 nicht selten kriegsdienstverpflichtet. Statt ansprechbarer und emotional berührbarer Mütter erlebten die Kinder häufig Gereiztheit, Kälte und Rücksichtslosigkeit. Oft war nur noch die notwendigste Versorgung der Kinder möglich. Kamen Nachrichten vom Tod des Mannes oder naher Angehöriger, wurden die Kinder Zeugen tiefer Trauer oder schweigender Versteinerung der Mutter. Gerade jetzt hätten sie Trost, Zuspruch und Erklärungen der Mütter gebraucht. Doch deren Sprachlosigkeit, Gefühlsleere oder Gefühlsstürme machten sie unerreichbar für die Kleinen. Für diese war es deshalb kaum möglich, ein Grundgefühl von Sicherheit und Vertrauen zu entwickeln. In ihrer Not bemühten sich diese Kinder, die Mutter zu entlasten, sie wieder zu beleben, sie zum Lächeln zu bringen und wieder Zuwendung zu erhalten. Das hat es vielen von ihnen schwer gemacht, ihre eigene Persönlichkeit zu entfalten.

Die etwas älteren, Anfang und Mitte der 1930er Jahre geborenen Kinder erlebten im Krieg ebenfalls Verstörendes. Sie hatten jedoch etwas günstigere Bedingungen, da zumindest in ihren ersten Lebensjahren – für die ältesten sogar bis in ihre Schulzeit hinein – beide Eltern anwesend waren. Hier konnte der Vater das Kind bei seinen frühen Selbstständigkeitsbewegungen unterstützen. In spielerischem Raufen und kleinen Abenteuern war der Vater als männliche Identifikationsfigur emotional präsent – eine wichtige Voraussetzung für die Findung der

**63** »Hamster«-Rucksack, Milchkanne, Einkaufsnetz: Kinder mussten oft Lebensmittel besorgen.

frühen Identität der 3–6-jährigen Jungen; auch für die Entwicklung der Geschlechtsidentität der Mädchen ist eine zugewandte Begleitung und Wertschätzung durch den Vater wichtig. Diese Kinder haben auch über den Krieg hinweg ein lebendiges Vaterbild in sich tragen können, aber schon die nach 1937 Geborenen erinnern sich an den Vater oft nur von Fronturlauben. Die Kriegskinder ›kennen‹ den Vater sogar nur aus Erzählungen der Mutter. Für ihre Entwicklung war entscheidend, wie die Mutter über den Vater sprach, ob idealisierend, ambivalent, vorwurfsvoll oder enttäuscht.[5]

Die am Kriegsende 10- bis 14-Jährigen fühlten sich oft intensiv zur Unterstützung der Mutter und jüngeren Geschwister verpflichtet. Sie übernahmen Versorgungsaufgaben und -funktionen, um die drängendste Not zu bewältigen. Oft waren sie unterwegs, »organisieren«, »hamstern« und »tauschen«. Vielfach erhielten sie von der Mutter auch unbewusst den Auftrag, ihr Beschützer und Vertrauter zu sein. Manche Jungen erlebten diese »Notreife« mit Stolz. Dennoch führte es zu Überforderung, wenn sie unbewusst versuchten, Verluste gutzumachen und das Leben der Mutter zu verbessern. Solche Jugendlichen haben es oft lange schwer, sich von der Mutter zu lösen. Die jüngeren Kinder erlebten sich in der Vaterlosigkeit oft schutzlos. Jungen in der ödipalen Entwicklung waren teilweise von irrationalen Schuldgefühlen geplagt, andere erlebten sich als minderwertig, in der Furcht, möglicherweise als unehelich zu gelten.[6] Aber auch Väter, die aus der Kriegsgefangenschaft heimkehrten, konnten ihre Kinder vor Probleme stellen. Oft waren sie körperlich und seelisch krank. Den jüngeren Kindern waren sie meist »fremd«, ganz anders als sie sich den Vater nach Erzählungen vorgestellt hatten. Sie passten sich jedoch an und duldeten seine Wiederaufnahme ohne Auflehnung. Die älteren, die eine versorgende Position für Mutter und Geschwister eingenommen hatten, erlebten den heimkehrenden Vater als Eindringling in das inzwischen entstandene Familiengefüge. Auf beides reagierte der Vater oft gekränkt, beleidigt, empört, auch gewalttätig, um wieder die dominante Rolle in der Familie einzunehmen. Konflikte in der Familie, emotionale Spannungen zwischen der Mutter und dem heimkehrenden Vater, zwischen Eltern und Kindern, wie sie besonders unter den Bedingungen des engen Zusammenlebens und des Aufeinander-Angewiesen-Seins in wirtschaftlicher und seelischer Not entstehen, führten oftmals zu aggressiver Auseinandersetzung, Verletzung und Entwertung, zu widersprüchlicher Parteinahme der Kinder, zu ängstlichem Anklammern, zu Unterwerfung oder Auflehnung. Für nicht wenige Kinder und Jugendliche entstand in den Nachkriegsjahren durch Scheidung der Eltern ein zweites Mal ein Vaterverlust. Die Zahl der Scheidungen bis 1950 war doppelt so hoch wie in den fünf Jahren danach.

Ab 1948 offenbarten sich in bremischen wie auch in anderen Erziehungsberatungsstellen die Nöte vieler in den Kriegsjahren oder kurz davor geborener Kinder. Sie wurden als ängstlich, unsicher, scheu, innerlich verschüchtert beschrieben. Sie waren entmutigt, ermüdet, allgemein geschwächt, konzentrations- oder leistungsschwach. Sie hatten Schwierigkeiten mit der Erledigung von Hausaufgaben, machten wieder ins Bett, stotterten oder logen.[7]

Horst Eberhard Richter verfasste sein Buch »Eltern, Kind, Neurose« aus der Arbeit mit solchen Kindern und ihren Eltern in einer Berliner Beratungs- und Forschungsstelle für seelische Störungen im Kindes- und Jugendalter in den Jahren 1952 bis 1962. Er schrieb dazu in einem späteren Vorwort: »Indirekt enthüllt das Buch einen wesentlichen Einblick in die vielfältigen Konflikte und psychischen Beschädigungen, die sich in den Eltern aus Nazizeit, Kriegs- und Nachkriegselend angesammelt hatten und sich belastend auf die Kinder auswirkten. Die Neurosen und Verhaltensstörungen der Kinder waren vielfach nichts anderes als der unbewusste Ausdruck der von den Eltern sprachlos übertragenen Belastungen. Die Kinder fühlten, dass die Eltern unter Erinnerungen litten, über die sie nicht reden konnten oder oft auch nicht wollten. Die Eltern wünschten sich heimlich Kinder, die ihnen Schuld abnehmen oder

**64** Die älteste Tochter hat einen Kohlkopf ergattert. Die kriegsblinde Mutter und die fünf Geschwister sind auf ihre Hilfe angewiesen, 1946.

sie für eigene Entbehrungen, eigenes Versagen, eigenes Leid entschädigen sollten. Die Kinder waren mit diesen unbewussten Erwartungen überfordert.«[8] Schlugen sich die elterlichen Belastungen häufig in vernachlässigenden, kontrollierenden, überbehütenden oder desinteressierten, gefühllosen oder autoritären Verhaltensweisen nieder, so wurden in unbewussten elterlichen Erwartungen Gefühle übertragen, die zuvor auf die eigenen Eltern oder einen

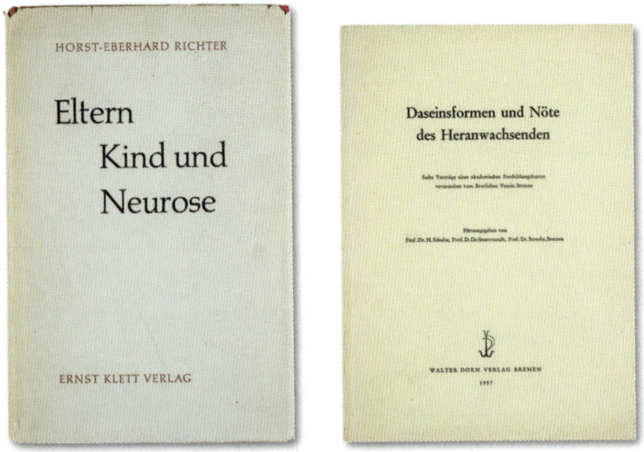


**65** Psychoanalytiker und Soziologen untersuchen die Nöte der Kinder und Jugendlichen. Rechts der Bericht einer Bremer Tagung 1957.

Partner gerichtet waren. Das Kind soll dann die in der eigenen Kindheit oder durch einen Partner erlittenen Enttäuschungen und Kränkungen »gutmachen« und unerfüllte Liebesbedürfnisse der Eltern sättigen. Oder es soll – als »Wunderkind« – unbewusst durch seine Erfolge die Eltern für ihre Misserfolge entschädigen. Geben die Eltern ihre eigenen Ängste, Scham- und Schuldgefühle unbewusst weiter, so soll sie das Kind – als »Sündenbock« – von ihren eigenen Konflikten und Traumata entlasten. Aus seiner kindlichen Feinfühligkeit und Bedürftigkeit heraus kann das Kind nicht anders: Es versucht, diesen Erwartungen zu entsprechen und gerät dabei in seelische Überlastung und Deformation.

Die sprachlose, schweigende Übermittlung von eigenem und fremdem Leid, eigener Schuld, Scham und Angst zwischen den Generationen geschah auch im sogenannten kollektiven Schweigen – dazu gehörte auch die Tabuisierung der Faszination, der die Eltern im Nationalsozialismus erlegen waren. In den Familien wurde wenig gefragt und erzählt, was Väter und Mütter im Krieg und in der Nachkriegszeit erlitten und getan hatten. Es gab jedoch oft ein wortloses »Erzählen« durch die Haltung der Väter und Mütter, ihren Rückzug, ihr Verstummen, ihre Angst und Unruhe, das Aus-dem-Zimmer-Gehen, wenn an Vergangenes gerührt wurde. Gerade nicht Ausgesprochenes wird von Kindern und Jugendlichen in ihre Wahrnehmung, ihr Fühlen und Denken übernommen, da sie sich unbewusst, positiv oder negativ, mit ihren Eltern identifizieren. Als Folge entsteht eine »brüchige« Identität, bestimmt von Gefühlen der Unstimmigkeit, der Unechtheit, der Unsicherheit von menschlichen Beziehungen. Als ein Ausdruck solch widersprüchlicher, gespaltener, misslingender Identifikationsprozesse kann die Halbstarkenbewegung um 1955 gesehen werden. Die pubertierenden Jugendlichen, die, in den Kriegsjahren geboren, vaterlos in einer mütterlich geprägten Welt aufwuchsen, hätten bei der Suche nach ihrer Individualität Väter gebraucht, die selbst eine sichere Identität, eine stimmige Biografie aufweisen. Sie hätten Vorbilder gebraucht für den Umgang mit Unsicherheit und Angst, die Lösung von Konflikten und die Begegnung mit anderen Menschen. Sie hätten nachsichtige und tolerante Erwachsene gebraucht, liebevoll zuhörende, authentische Gesprächspartner. Viele Nachkriegsväter entsprachen diesen Bedürfnissen nicht. Gerade diejenigen, denen die Aufnahme einer beruflichen Arbeit schnell gelang, waren für ihre Kinder oft »psychisch abwesende, innerlich abgekapselte Väter«.[9] Sie setzten ihre ganze Kraft in die Errichtung einer äußerlich heilen Welt, überspielten ihre Fühllosigkeit mit »manischer Aufbau-Überaktivität«.[10] Sie erzogen ihre Kinder oft so, wie sie selbst erzogen wurden: hart gegen sich selbst, gehorsam und sich unterordnend, leistungs- und opferbereit. Für ihre Kinder waren sie schwer erreichbar, wiesen die Annäherung der Jugendlichen zurück oder reagierten autoritär mit Forderungen nach Unterordnung, mit demütigenden Reden und Ver-

**66** Momente von Vergessenheit und Freude in bedrängter Zeit.
Links: Spiel auf einer Straße im Schnoor, 1959.
Rechts: Ingrid, Jg. 1944, mit ihrer Puppe, 1949.

achtung. Dies diente ihnen als Schutz gegen das Erleben eigener Ohnmachts- und Schwächegefühle, verletzter Selbstachtung und erlittenen Leids. Darauf reagierten die Pubertierenden nun ihrerseits: Als »Halbstarke« provozierten sie mit Rücksichtslosigkeit, Gewalt und Kriminalität die Eltern und die Ordnungsmacht Polizei. Sie verachteten die Erwachsenen, die mit Beschimpfung, Bedrohung oder tätlicher Gewalt antworteten, und genossen die dahinter gespürte Hilflosigkeit. Im Provozieren erlebten sie sich als beachtet und mächtig.[11] Die meisten Jugendlichen gingen jedoch weniger auffällige Wege: Sie zogen sich in Bücher zurück, bewegten sich mehr außer Haus und trieben mit Vorliebe Sport, sie schätzten Berufsschule und Beruf als Weg in die Eigenständigkeit, auch um nach Jahren des Verzichts mit eigenem Geld ein wenig am Wohlstand und an Vergnügungen teilhaben zu können.

**67** Ein amerikanisches Ehepaar aus der Hohenlohestraße hat Kinder zu sich eingeladen, 1948. Rechts unten Ingrid, Jg. 1944.

**68** »Offene Tür«, Kindertagesstätte des Arbeiterhilfswerks auf der Bürgerweide, 1948.

Nur etwa 20 % der Jugendlichen der 1950er Jahre waren politisch interessiert. Etwa die Hälfte von ihnen zeigte sich aufgeschlossen und selbstkritisch, entfaltete ein reges geistiges Leben, gesellschaftliche Diskussionen und demokratisches Engagement. Die anderen 10 % waren nationalistisch orientiert und aktiv. Die meisten Jugendlichen hatten ein großes Sicherheitsbedürfnis und standen jeglicher politischen Betätigung skeptisch gegenüber. Das ›Ohne mich‹ war für sie die wichtigste Lehre aus dem Nationalsozialismus.[12]

In den 1950er Jahren begann für viele dieser Kinder und Jugendlichen ein jahrzehntelanger Prozess der Bildung und Demokratisierung. Unter der Bedingung von Frieden und allmählicher Versöhnung mit den vormaligen Feinden öffneten sich die jungen Menschen der Welt und anderen Menschen in Büchern, Filmen, Musik, auf Reisen und bei persönlichen Begegnungen. Bei nicht wenigen aber blieb eine Unsicherheit im Gefühls- und Selbsterleben und ein übermäßiges Pflichtbewusstsein. Erst über Jahrzehnte hin setzte sich gesellschaftlich die Haltung durch, den anderen Menschen – also auch das Kind – nicht primär als Objekt zu verstehen, sondern ihn als ein Subjekt mit eigenen Bedürfnissen und eigener Persönlichkeit anzuerkennen.

**69** Kinder spielen im Neubaugebiet Osterholz mit Baumaterialien, Anfang der 1960er Jahre.

**70** Oberflächlich entnazifizierte Neuauflage des wichtigsten NS-Erziehungsratgebers, 1951. Im Erscheinungsjahr erreichte er schon eine Auflage von 700.000.

**71** 18. Heft der *Kindernöte*, 1955. Kinder wünschen sich gerechte und gütige Eltern, wollen weder geschlagen noch zu sehr verwöhnt werden.

Ulla M. Nitsch

# *In unseren heutigen Zeiten ist so vieles aus den Fugen geraten*

## Erziehungsvorstellungen nach dem Zweiten Weltkrieg und in den 1950er Jahren

»In unseren heutigen Zeiten«, so schrieb 1950 der Münchner Schulleiter und individualpsychologische Erziehungsberater Kurt Seelmann, »ist so vieles aus den Fugen geraten. Da erfüllen wir Eltern unsere Erziehungsaufgabe weniger ruhig. Wir wissen selbst oft gar nicht, wie sehr wir anders reagieren, schneller erregt sind, und wie leicht wir die Nerven verlieren. Kriegs- und Nachkriegszeit, Bombennächte, Wohnungsnot und Verarmung haben uns verändert und sind auch an unseren Kindern nicht spurlos vorbeigegangen.«[1]

Seelmann gehörte zu einer Gruppe von Autor/innen, die in den 1950er Jahren die pädagogische Schriftenreihe *Kindernöte* als Ratgeber für Eltern und Erzieher gestalteten. Sie arbeiteten in Schulen oder heilpädagogischen Heimen, in Erziehungsberatungsstellen oder als Kinderärzte und Psychotherapeuten. Beeinflusst waren sie vom demokratisch orientierten Zweig der Reformpädagogik und von der Psychoanalyse; einige kamen auch aus der in England schon in den letzten Kriegsjahren gegründeten Reeducation-Bewegung. Gemeinsam waren ihnen pädagogische und psychologische Vorstellungen, in denen die Kinder mit ihren Entwicklungsbedürfnissen anerkannt und als Subjekte geachtet wurden.

Die kleinen Heftchen der *Kindernöte* – die meisten umfassen etwa zehn Din-A5-Seiten – widmeten sich jeweils einem Thema. Sie behandelten wesentliche Entwicklungsschritte von Kindern oder – weitaus öfter – »schwierige« Erziehungssituationen: beispielsweise, ob man einen Säugling schreien lassen oder trösten soll, wie unterstützendes Verhalten im Trotzalter aussehen kann oder was einem Kind fehlen mag, wenn es Nägel kaut, einnässt, aggressiv ist oder »klaut«. In mehreren Beiträgen wurden auch Erziehungsstrategien und Erziehungsziele diskutiert: »Erreicht die Prügelstrafe ihren Zweck?« oder »Wollen wir Musterkinder erziehen?«. Dabei richteten sich die Autor/innen an eine Elterngeneration, die durch Kriegserlebnisse und die Not der Nachkriegsjahre verunsichert und demoralisiert war. Viele Mütter und Väter fanden in dieser Zeit Halt in rigiden Erziehungsstilen und ließen sich dabei – bewusst oder unbewusst – noch von den nationalsozialistischen Ideologien leiten. Deren Schwarz-Weiß-Bilder von gut und böse, von richtig und falsch, von dazugehörig und fremd, von »rassisch gesund« und »lebensunwert« nisteten in den Köpfen vieler Lehrkräfte und Ärzte und steckten auch als eigene Sozialisationserfahrungen in den Menschen, die nun als Mütter und Väter ihre Kinder – laut Grundgesetz – nach freiheitlichen Maßstäben erziehen sollten. Nicht wenige dieser jungen Eltern standen dem sich neu konstituierenden System der Bundesrepublik skeptisch gegenüber. Ihre Kinder aber sollten später in der Lage sein, eine tolerante, friedliche und demokratische

**72** Autorinnen der *Kindernöte* (v. l. n. r.): Marianne Lebek, Heilpädagogin, bei Radio Bremen Leiterin des Bereichs Erziehung und des Frauenfunks; Martha Friedländer, Leiterin der Bremer Schule für Schwerhörige und Gehörlose an der Marcusallee; Minna Specht, Leiterin der Odenwaldschule, und Eva Seligmann, Leiterin zweier heilpädagogischer Heime in Hessen, ab 1953 in Bremen an der Schule für kriegsgeschädigte Kinder.

Gesellschaft zu gestalten. Die Autor/innen der *Kindernöte* wussten, dass nur wenige Eltern ihnen zuhören würden, wenn sie Bereiche verborgener Scham und Schuld, abgespaltene traumatische Erfahrungen oder angstbesetzte Bereiche ansprechen würden. Daher erklärten sie Erziehungsschwierigkeiten weniger mit inneren Voraussetzungen der Erwachsenen als mit äußeren, unstrittigen (Zeit-)Umständen: der materiellen Not, der langen Trennung von den Vätern, der Überlastung der Mütter. Sie sprachen auch eigene Erkrankungen oder Kriegsverletzungen der Eltern an, Sorgen wegen grassierender Kinderkrankheiten oder die Trauer um verlorene Familienmitglieder. Denn all das machte es den Müttern und Vätern schwer, ihre Kinder liebend wahrzunehmen, geduldig mit ihnen umzugehen und sie mit Akzeptanz ihrer Eigenheiten ins Leben zu begleiten. Um dazu beizutragen, lieferten die *Kindernöte* anschauliche Informationen zu den entwicklungsbedingt auftauchenden Erziehungsfragen vom Kleinkindalter bis zur Pubertät. Dabei war ihnen wichtig, dass jedes Kind, jeder Jugendliche sein eigenes Entwicklungstempo und eine eigene Persönlichkeit hat: Ein Kind lernte früher sprechen als das Geschwisterchen. Wenn die ältere Schwester gut in der Schule sei, schütze das den kleinen Bruder nicht vor Schulschwierigkeiten, ein fügsamer und fleißiger Lehrling könne eine rebellische Schwester haben. Die *Kindernöte* verstanden sich außerdem als Ratgeber, wenn Eltern unsicher waren, wie sie sich in der Erziehung verhalten sollten: Sollten sie das stotternde Kind bestrafen, die kleine Bettnässerin die Laken selbst auswaschen lassen, den ungehorsamen Heranwachsenden mit dem Gürtel schlagen? Oder gab es dazu Alternativen, die sich um Verständnis bemühen und nach Auswegen aus der »verfahrenen« Situation suchen anstatt zu bestrafen? Wäre es nicht für alle besser, wenn die Mutter ihr sowieso beschämtes Mädchen tröstete, wenn der Vater dem kleinen Stotterer geduldig zuhörte und wenn Demütigungen und Schlagen ganz aus der Erziehung verbannt würden? Würden dann Kinder und Jugendliche nicht eher zu erfolgreichen, lebensfrohen und verantwortungsvollen Menschen heranwachsen?

Die Autor/innen der *Kindernöte* vermieden es, die Eltern zu beschuldigen, auch wenn sie schädigendes Verhalten ansprachen. Denn, so die Herausgeberin Minna Specht: »Die *Kindernöte* möchten wie der Freund sein, der ins Haus kommt und hilft, ohne zu fragen.«[2] Dieser »Freund« wollte die Eltern ermuntern, sich in die Lage des Kindes zu versetzen und sein schwieriges Verhalten als Ausdruck verborgener guter Absichten oder kindlicher, jugendlicher Not zu verstehen. Und er ermutigte Mütter und Väter, ihre eigenen Reaktionen und Handlungen zu betrachten und dem »Warum« dahinter auf die Spur zu kommen.

Marie, Jg. 1946, erinnert sich: *Im Sommer 1950 gab es in meiner Familie eine Aufregung. Ich verstand nur: Ein Mann soll kommen, einer, den ich nur auf einer knitterigen Fotografie gesehen hatte. Die Erwachsenen sagen: Omas Sohn soll heimkehren. Sie weint ein bisschen – warum? Das verstehst du nicht, sagt Vater. Alles soll schön sein. Oma richtet das Zimmer, in dem wir alle wohnen, festlich her, Vater ist stolz, dass er eine Flasche Wein ergattert hat. Ich stehe immer im Weg, soll leise sein. Aber ich will auch etwas tun. Ich komme auf die Idee, die weiße Tür mit schwarzer Schuhcreme zu polieren. Meine Oma schimpft mich aus. Ich kriege einen tüchtigen Klaps und werde in die Besenkammer geschickt. Da ist es dunkel, ich bin sehr zornig, trete gegen die Tür und heule laut.*

Wer die *Kindernöte* gelesen hatte, wäre vielleicht auf die Idee gekommen, Marie in die Vorbereitungen einzubeziehen, sie einen Blumenstrauß pflücken oder den Tisch decken zu lassen. Dann wäre sowohl ihre »Verschönerungs-Aktion« als auch ihre verzweifelt-wütende Reaktion auf die Bestrafung unterblieben. Andererseits kann man auch verstehen, wie aufgeregt die Erwachsenen waren. Angst, Ungewissheit und quälende Fragen kamen wieder hoch: Warum hatten sie den Sohn und

**73** Kriegsversehrte in der Stephanstraße, um 1944.
**74** Anstrengendes Frauenleben: große Wäsche im Freien, Behelfsunterkunft im Stadtwald, 1945.

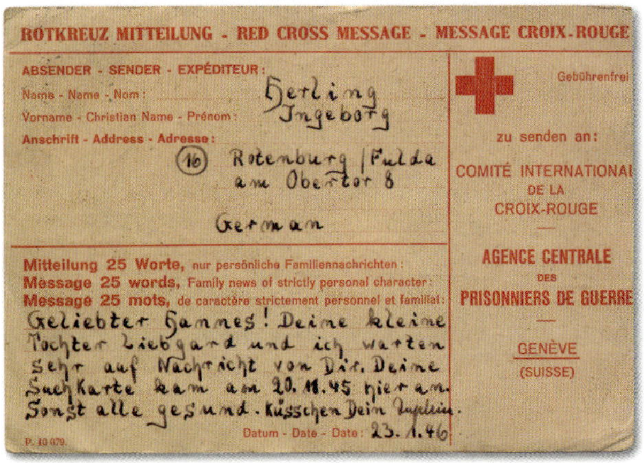

ROTKREUZ MITTEILUNG - RED CROSS MESSAGE - MESSAGE CROIX-ROUGE

ABSENDER - SENDER - EXPÉDITEUR:
Name - Name - Nom: Herling
Vorname - Christian Name - Prénom: Ingeborg
Anschrift - Address - Adresse: (16) Rotenburg / Fulda
am Obertor 8
German

Gebührenfrei
zu senden an:
COMITÉ INTERNATIONAL DE LA CROIX-ROUGE
AGENCE CENTRALE DES PRISONNIERS DE GUERRE
GENÈVE (SUISSE)

Mitteilung 25 Worte, nur persönliche Familiennachrichten:
Message 25 words, Family news of strictly personal character:
Message 25 mots, de caractère strictement personnel et familial:
Geliebter Hannes! Deine kleine Tochter Liebgard und ich warten sehr auf Nachricht von Dir. Deine Suchkarte kam am 20.11.45 hier an. Sonst alle gesund. Küsschen Dein [illegible].

Datum - Date - Date: 23.1.46

P. 10 079.

Bruder nur so lange behalten? Dass er in der Waffen-SS war, war doch nicht freiwillig, er war ja grad mal siebzehn, als er rekrutiert wurde, dass sie so einen sanften Bub zum Iwan geschickt hatten! Und wie hatte er sich wohl die Heimkehr ausgemalt? Wie würde er auf die Enge der Unterkunft und die Ärmlichkeit des vorbereiteten »Festmahls« reagieren? In diesem Gefühlsaufruhr gab es für die kleine Marie keinen Platz.

Wenn in den *Kindernöten* Erziehungsprobleme mit vergleichbaren Konstellationen betrachtet wurden, so zielte das auf eine veränderte, intellektuell und emotional reflektierte Haltung der Eltern ihren Kindern gegenüber, auf eine »Selbsterziehung der Erzieher«.[3] Denn wenn Eltern ihre zweifellos komplizierte innere und äußere Situation wahrnähmen und verstünden, wie diese ihr Verhältnis zu ihren Kindern prägt, konnte sich – so die Hoffnung der *Kindernöte* – das förderliche familiäre »Erziehungsklima« herausbilden, das nach Diktatur und Krieg so dringend als Grundlage für den Aufbau einer demokratischen Gesellschaft gebraucht wurde. Die *Kindernöte* waren daher, so wenig streitbar sie auch geschrieben sind, doch eine Streitschrift gegen jene Erziehungsvorstellungen und -praktiken, die aus der autoritären Tradition des Kaiserreichs und deren inhumaner Zuspitzung im Nationalsozialismus hervorgegangen waren.

Dass die Kinder und Jugendlichen in den Nachkriegsjahren und bis weit in die 1960er Jahre solche »Anwälte« wie die Autoren der *Kindernöte* dringend brauchten, belegen Aussagen und Befunde zur damaligen Erziehungswirklichkeit. Mit gutem Grund tituliert Müller-Münch die von Mitte der 1930er bis Anfang der 1950er Jahre

**75** Kriegshochzeit, Juni 1943. Nach zweitägigem Aufenthalt wurde der Bräutigam an die Ostfront verlegt.
**76** Kontaktaufnahme zum Ehemann mithilfe des Roten Kreuzes, 1946.

**77** Teppichklopfer wurden häufig zur Züchtigung eingesetzt.

**78** Züchtigung wegen Ungehorsams auf der Reise, 1950er Jahre.

Geborenen als »die geprügelte Generation«. Sie wuchsen häufig mit verbalen Demütigungen auf und erfuhren oft körperliche Strafen. Fritz, Jg. 1941, schrieb in seinen Erinnerungen, er sei im »langen Schatten« des Nationalsozialismus unter dem sadistischen Regiment seines SS-Vaters aufgewachsen.[4] Gertrud, Jg. 1942, habe unter dem lähmenden Schweigen über das »Dritte Reich« gelitten.[5] Nach einer Kurzcharakterisierung seiner Erziehung gefragt, antwortet Ulli, Jg. 1946: *»Demütigend und autoritär. Ich wollte nur weg und frei sein.«* Angelika, Jg. 1954, wuchs in einer Flüchtlingsfamilie auf, in der sehr viel Wert auf gute Schulleistungen gelegt wurde. Bei Schulversagen drohte die Mutter: *»Wartet, bis der Vater nach Hause kommt!«* Wenn er abends von der Arbeit kam, sei sie zwar meist nur ausgeschimpft worden – *»das war allerdings schlimm genug«* –, ihr älterer »frecherer« Bruder wurde aber häufig auch geschlagen. Besonders schrecklich, so findet sie noch heute, war das Warten auf die Bestrafung. Johann, Jg. 1948, berichtet: *»Meine Mutter hat auf mir mehrere Kochlöffel zerschlagen, und zwar besonders dann, wenn sie um mich Angst hatte, weil ich mich ein bisschen verspätete.«*

Solche Erinnerungen sind keine drastischen Einzelfälle. Laut einer soziologischen Studie aus den Jahren 1949/50 zur »Jugend in der Nachkriegszeit« gaben 55 % der befragten Erwachsenen an, sie hielten »die Anwendung körperlicher Strafen entweder allgemein oder in Ausnahmefällen für notwendig und richtig«. Die Begründungen reichen von Äußerungen wie *»sehr richtig, damit sie Respekt bekommen«*, *»wenn sie ungezogen sind, müssen sie Schläge haben«* oder *»ohne Schläge kann man Kinder nicht großziehen«* bis zu eher einschränkenden Anmerkungen wie körperliche Züchtigung sei sinnvoll *»bei vernünftiger Anwendung«*, *»nur, wenn es nicht anders geht«* oder auch sie sei *»nach Möglichkeit zu vermeiden«*.[6] Gestraft wurde, wenn Kinder und Jugendliche aus Sicht der Eltern Ordnung, Disziplin und Respekt vermissen ließen, logen oder Widerworte gaben. Beliebt waren der Entzug

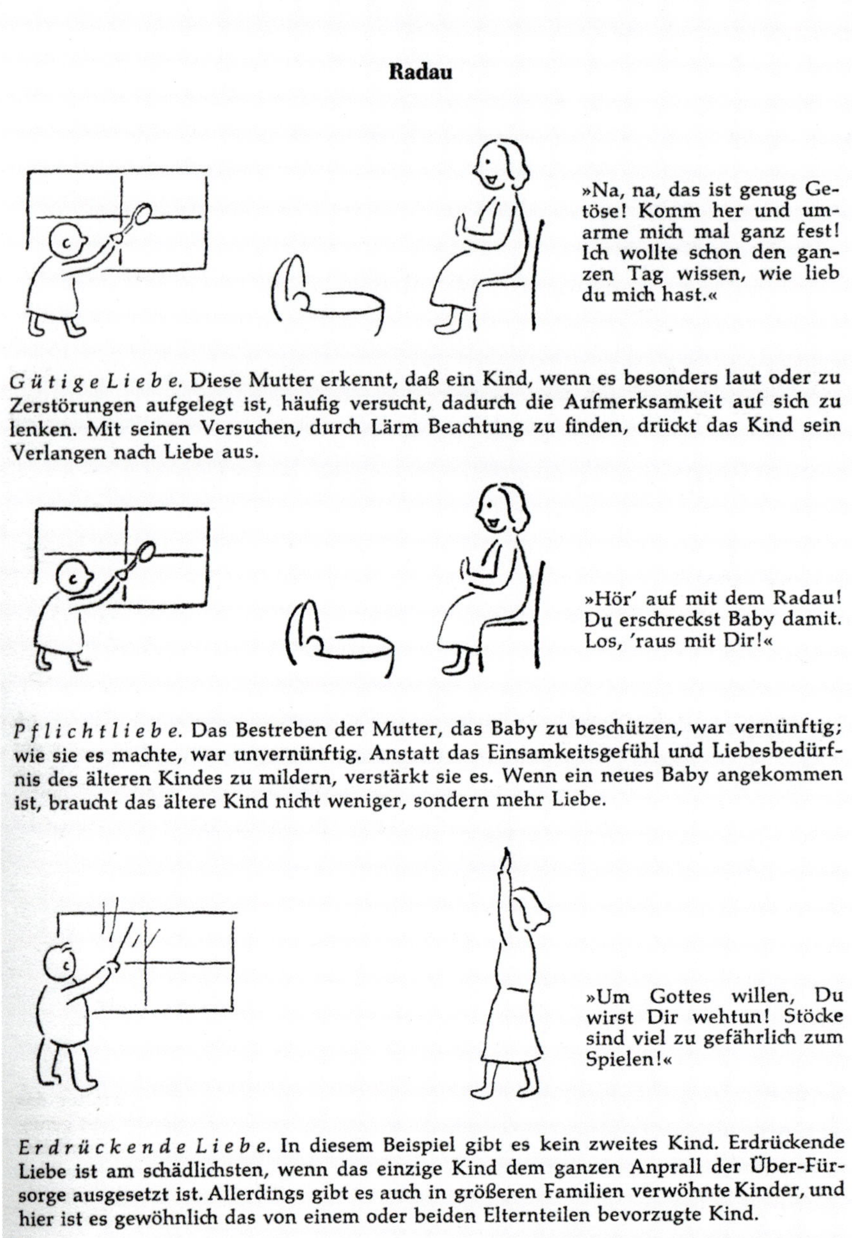

## Radau

»Na, na, das ist genug Getöse! Komm her und umarme mich mal ganz fest! Ich wollte schon den ganzen Tag wissen, wie lieb du mich hast.«

*Gütige Liebe.* Diese Mutter erkennt, daß ein Kind, wenn es besonders laut oder zu Zerstörungen aufgelegt ist, häufig versucht, dadurch die Aufmerksamkeit auf sich zu lenken. Mit seinen Versuchen, durch Lärm Beachtung zu finden, drückt das Kind sein Verlangen nach Liebe aus.

»Hör' auf mit dem Radau! Du erschreckst Baby damit. Los, 'raus mit Dir!«

*Pflichtliebe.* Das Bestreben der Mutter, das Baby zu beschützen, war vernünftig; wie sie es machte, war unvernünftig. Anstatt das Einsamkeitsgefühl und Liebesbedürfnis des älteren Kindes zu mildern, verstärkt sie es. Wenn ein neues Baby angekommen ist, braucht das ältere Kind nicht weniger, sondern mehr Liebe.

»Um Gottes willen, Du wirst Dir wehtun! Stöcke sind viel zu gefährlich zum Spielen!«

*Erdrückende Liebe.* In diesem Beispiel gibt es kein zweites Kind. Erdrückende Liebe ist am schädlichsten, wenn das einzige Kind dem ganzen Anprall der Über-Fürsorge ausgesetzt ist. Allerdings gibt es auch in größeren Familien verwöhnte Kinder, und hier ist es gewöhnlich das von einem oder beiden Elternteilen bevorzugte Kind.

**79** Kleine Tasse aus Porzellan, 1940er Jahre.

Marie, Jg. 1946: *Als ich mit drei Jahren eine schwere Lungenentzündung hatte, bekam ich aus dieser Tasse alle zwei Stunden eine bittere Medizin.*

Kinder waren in der Nachkriegszeit häufig krank. Da Penicillin noch kaum zu erhalten war, waren viele, heute schnell zu bekämpfende Krankheiten bedrohlich. Bettruhe, Wärmflaschen, Wadenwickel gegen Fieber, Schwitzen lassen, Inhalieren, Hals- und Brustwickel oder Zwiebelwickel für die Ohren gehörten zum Repertoire der häuslichen Krankenpflege. In Zeiten des Krankseins erfuhren Kinder oft mehr Beachtung, Zuwendung und liebevollen Körperkontakt, z.B. beim Wickelanlegen.

**80** In den *Kindernöten* werden Verhaltensalternativen für alltägliche Konflikte zwischen Eltern und Kindern aufgezeigt, 1955.

von geschätzten Gegenständen, Einschränkung der Bewegungsfreiheit durch Haus- oder Stubenarrest bis hin zum Einsperren in Kammern oder im Keller, Entzug von Essen, Einschränkung der sozialen Aktivitäten wie Verbot des Besuchs von Freunden und Freundinnen, des Kino- oder Theaterbesuchs. Häufig wurde die elterliche Liebe entzogen, beispielsweise durch Ignorieren eines Kindes oder eine tagelange Phase, in der mit dem »unartigen« Jugendlichen nicht gesprochen wurde.

Solches Elternverhalten entsprang nicht nur der eigenen repressiven Erziehungserfahrung und politischen Indoktrination, es konnte sich auch auf »bewährte« Erziehungsratgeber stützen. Besonders verbreitet waren die Ansichten der Lungenfachärztin und fünffachen Mutter Johanna Haarer, mit denen die Generation der Mütter der Kriegs- und Nachkriegskinder geradezu »infiziert« war. Ihre in Millionenhöhe verkauften Bücher *Die deutsche Mutter und ihr erstes Kind* (1934) und *Unsere kleinen Kinder* (1936) bildeten die Grundlage für die Mütterschulungen der NS-Frauenschaft, die 1937 schon jede fünfte Frau, die zwanzig Jahre oder älter war, besucht hatte. Viele Frauen bekamen diese Bücher zur Eheschließung oder zur Geburt eines Kindes geschenkt. In ihnen propagiert Haarer einen unempathischen, auf Gehorsam und strafende Konsequenz pochenden Erziehungsstil, der perfekt mit den Idealen nationalsozialistischer Erziehung wie Härte, Opferbereitschaft und unbedingte Unterordnung korrespondierte. Nach Kriegsende wurden diese Bücher offenbar häufig weiter benutzt. Auch wurden beide Bücher, trotz Haarers zweijähriger Internierung wegen ihrer Beteiligung an der Propaganda der NSDAP für »Erbgesundheit«, zu Beginn der 1950er Jahre in einer nur oberflächlich politisch bereinigten Fassung neu aufgelegt. Zweifellos werfen Schwangerschaft, Geburt, Kinderpflege und Erziehung für Mütter oft als existentiell empfundene Fragen auf: Was passiert mit meinem Körper? Wie überstehe ich die Geburt? Werde ich mein Kind richtig behandeln, ihm das Wesentliche mit auf den Lebensweg geben können? Auf all diese Fragen hatte Johanna Haarer Antworten, die sie mit großer Autorität und reichlich Ausrufezeichen als überzeitlich gültig darstellte. Sie betonte – und damit hatte sie ja noch nicht einmal unrecht –, dass »die Schwangerschaft ein völlig natürlicher und normaler Vorgang« sei und wie eine Schwangere sich in allen Lebenslagen von der Ernährung bis zum Sexualleben zu verhalten habe. Schwierigkeiten müsste man mit »gutem Willen und festen Vorsätzen« überwinden.[7] »Feste« Vor- und Grundsätze sind aus Haarers Sicht überhaupt das A und O des elterlichen Verhaltens. Die größte Gefahr sieht sie in der »Verwöhnung«. *Eine* falsche Nachgiebigkeit – zum Beispiel das Nichteinhalten eines strikten Stillrhythmus, *ein* Hochnehmen, wenn das Kind (scheinbar) grundlos weint – und schon sei »der kleine, aber unerbittliche Haustyrann«[8] fertig. Andauernd gibt es zwischen Mutter und Kind – es geht hier um Neugeborene und Säuglinge! – Kämpfe auszufechten: »Hat man das Glück, über eine eigene und geräumige Wohnung zu verfügen, so kann man das unruhige Kind in einen stillen Raum tun und holt es erst zur nächsten Mahlzeit wieder. Es kommt oft nur auf wenige Kraftproben zwischen Mutter und Kind an – es sind die ersten! – und das Kind lernt, daß es sich fügen muß und sein Schreien nichts nützt.«[9] Wenn der Säugling nicht willig aus der Flasche trinken will, »so vergesse die Mutter nicht, dass auch hier Hunger der beste Koch ist. Man warte unerbittlich bis zur nächsten Fütterungszeit. Es gilt oft nur einen einmaligen Widerstand zu brechen.«[10] Sich fügen und gehorchen – dafür ließen sich noch zahlreiche Beispiele anführen – bildeten das Gerüst von Haarers Erziehungsratschlägen. Das galt natürlich in erster Linie für die Kinder, ließ aber auch die Mütter nicht davonkommen. Denn Haarer hatte auch ein

**81** Auch Haarers Erziehungsratgeber für Klein- und Schulkinder wurden neu herausgegeben, 1951 (links) und 1950 (rechts).

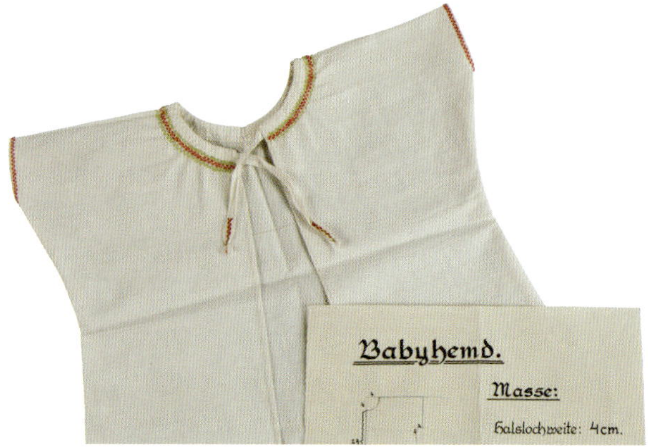


**82** Näharbeit einer Schülerin nach einem Schnitt, wie er auch in Haarers Büchern zu finden ist, 1950.

Konzept der »Selbsterziehung der Erzieher«, freilich in einem den *Kindernöten* diametral entgegengesetzten Sinne. Bei ihr lautete die immer wieder variierte Parole: Wenn ein Kind nach einigen geduldigen Versuchen nicht pariert: »Dann, liebe Mutter, werde hart!«[11] Sonst drohten drastische Gefahren für die Zukunft des Kindes, es werde auf seinem Lebensweg scheitern oder gar sterben. Wer sein Kind liebt, lasse es daher hungern, wenn es sein Gemüse nicht essen mag. »Diese Maßnahme mag grausam erscheinen, ist aber das einzige Mittel, um das Kind vor Ernährungsstörungen und Krankheit zu bewahren.«[12] Bei der nächsten Mahlzeit bekommt dann »das widerspenstige Kind erneut die verschmähte Kost vorgesetzt. Keinesfalls aber bekommt es statt der abgelehnten Speise eine andere, die es lieber isst.«[13] Haarer leugnete jegliche sozialen Bedürfnisse von Babys und hielt die Mütter an, nicht weich zu werden, wenn ihr Baby schreit. So erzogenen Kindern fehlten wesentliche frühe Bindungserlebnisse, und sie konnten wichtige erste Erfahrungen von »Selbstwirksamkeit« – ich rufe, und jemand kommt – nicht machen. Sich mit einem Kind außerhalb der Pflege- und Fütterungsprozeduren zu beschäftigen, mit ihm zu spielen oder es auf dem Schoß zu halten und mit ihm zu sprechen, sei »unzweckmäßig«. »Das Kind gewöhnt sich an die ständige Nähe und Fürsorge eines Erwachsenen und gibt bald keine Ruhe mehr.« Am besten werde es gedeihen, »wenn wir es sich selbst überlassen«.[14] Was aus Haarers Sicht bezogen auf den Säugling galt, entwickelte sie für ältere Kinder konsequent weiter. »Gehorsam ist lebenswichtig«, »Wie erreicht man Gehorsam« und schließlich »Strafe« heißen zentrale Kapitel des Buches *Unsere kleinen Kinder* (1951), und auch in *Unsere Schulkinder* (1950) findet sich ein Abschnitt »Vom Kernstück der Erziehung – vom Gehorsam«, gefolgt von den Themen »Lohn und Strafe«, »Lüge und Prahlerei«, schließlich »Ordnung, Pünktlichkeit und Pflichterfüllung« und »Gutes Benehmen«. Dies aber sind jene Erziehungsziele, die Eltern zur Begründung der Prügelstrafe in der oben zitierten soziologischen Studie hervorhoben.

Sehr viele Zeitzeugenberichte lassen vermuten, dass Haarers Vorstellungen von Erziehung der seeli-

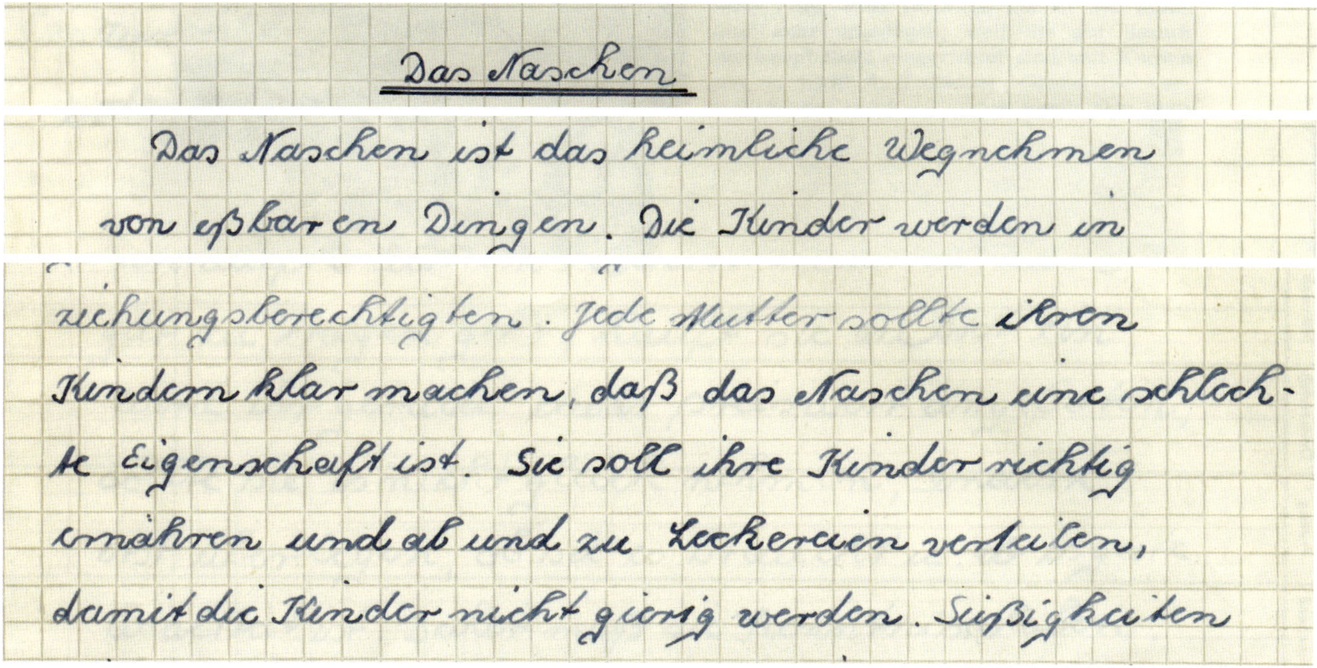

Das Naschen

Das Naschen ist das heimliche Wegnehmen von eßbaren Dingen. Die Kinder werden in

ziehungsberechtigten. Jede Mutter sollte ihren Kindern klar machen, daß das Naschen eine schlechte Eigenschaft ist. Sie soll ihre Kinder richtig ernähren und ab und zu Leckereien verteilen, damit die Kinder nicht gierig werden. Süßigkeiten

**83** Der Hefteintrag über das Naschen könnte bei Haarer abgeschrieben sein. Verfasst im Fach Deutsch in der Hauswirtschaftslehre, 1956.

schen Verfassung und der inneren Haltung der Eltern der Kriegs- und Nachkriegskinder entgegenkamen. Mit dem rigiden Erziehungsstil glaubten viele von ihnen – so paradox es uns heute erscheinen mag – ihre Kinder für das Leben zu ertüchtigen und ihnen so eine bessere Zukunft zu ermöglichen. Trotzdem waren die *Kindernöte* mit ihren Vorschlägen für eine auf Liebe und Selbstwertgefühl aufbauende Erziehung mehr als »Rufer in der Wüste«. Sie unterstützten diejenigen Mütter und Väter, die ihr eigenes Erziehungsschicksal nicht einfach an ihren Kindern wiederholen wollten.

**84** Familienurlaub in Boppard mit dem »Leukoplast-Bomber«, 1954. Bessere Lebensverhältnisse entspannten oft das Familienleben.

## *Erziehungsnot ohnegleichen*

Im Februar 1948 wurde auf Anregung des Senators für Bildung die erste Erziehungsberatungsstelle errichtet. Sie arbeitete in der Humboldtstraße. Dort beobachte man eine »Erziehungsnot ohnegleichen«, ein »herzergreifendes Bild von Hilfsbedürftigkeit«. Im Juni 1950 wurde vom Senator für das Gesundheitswesen zusätzlich eine Erziehungsberatungsstelle in der Metzer Straße eröffnet. Amerikanische Berater förderten beide Einrichtungen und vermittelten Erfahrungen der »Child Guidance Clinics« in England und den USA. Das Angebot der Mitarbeiter/innen bestand in Diagnose und Beratung, in der Metzer Straße auch in tiefenpsychologischer Behandlung. Die Beratungen wurden genutzt und offenbarten die Nöte vieler Kinder, die Krieg und Nachkriegselend erlebt hatten. Ein Berater vermutete, dass wesentlich mehr Eltern Hilfe bei der Erziehung ihrer Kinder bräuchten. Aber aus Scham darüber, nicht alleine zurechtzukommen, oder aus Angst vor Vorwürfen fänden sie den Weg in die Beratungsstelle nicht. In deren Arbeit ginge es nicht um schwer erziehbare Kinder, sondern um Erwachsene, die Schwierigkeiten mit der Erziehung hätten. Diese würden oft nicht mit ihren eigenen Konflikten fertig. Unter ihrem Ehrgeiz oder ihren Unsicherheitsgefühlen müssten die Kinder leiden. Diese Erwachsenen führten einen Machtkampf mit dem Kinde, weil es nicht sei, wie es sein solle, ohne »danach zu fragen, welcher Mangel im Seelenleben des Kindes sich in der aufgetretenen Schwierigkeit zeigt«. Diese Kämpfe wurden auch mit Prügeln ausgetragen. Marianne Lebek, Heilpädagogin und später Leiterin des Frauenfunks bei Radio Bremen, vermutete, dass die meisten Erwachsenen davon überzeugt seien, dass sie, da sie ja so *groß* seien, auf alle Fälle mit den *kleinen* Kindern fertig werden müssten. Wenn es ihnen nicht gelinge, würden sie über sich selbst ärgerlich. Sie gäben es aber nicht zu, sondern übertrügen ihre Unzufriedenheit und ihren Ärger auf die Kinder. Es könnte schon in vielen Fällen geholfen werden, wenn es gelänge, diese unbewussten Kämpfe im Seelenleben der Erzieher bewusst zu machen.

**85** In diesem Gebäude in der Humboldtstraße wurde 1948 die erste Bremer Erziehungsberatungsstelle eröffnet, Foto 1980er Jahre.

*Hermann Stöcker*

## *Stätten freudloser Kindheit und Jugend*

Besonders dramatisch war in der Nachkriegszeit die Lage von elternlosen Flüchtlingskindern, kriegsbedingten Voll- und Halbwaisen sowie vagabundierenden Jugendlichen. Für viele waren Diebstahl, Bettelei, Schwarzmarkt oder Prostitution die einzige Überlebensmöglichkeit. Sie wurden zunächst in Auffanglagern, dann in verschiedensten alten Heimeinrichtungen untergebracht.

Die 2012 veröffentlichte Dokumentation *Und keiner hat sich gekümmert* zur Geschichte der Bremer Heimerziehung offenbart die verzweifelte Situation dieser Kinder und Jugendlichen. Denn allen Einrichtungen war gemeinsam, dass es zu wenig und meist ungenügend qualifiziertes Personal gab. Bei Säuglingen kam Hygiene vor emotionaler Zuwendung. Ein Aufenthalt in diesen Heimen hatte nicht selten Hospitalismus, in vielen Fällen seelische Schädigung zur Folge. Auch waren die meisten Waisenhäuser bis weit in die 1960er Jahre auf Ordnung, Gehorsam und Anpassung ausgerichtet. Es gibt Berichte über Essenszwang, demütigende Strafen und Bloßstellungen, beispielsweise von Bettnässern, oder peinliche Verhöre nach Selbstbefriedigung. Hinzu kamen erzwungene Tischgebete, auch Strafgerichte der Hausväter, oft noch mit Stockschlägen. Die Kinder und Jugendlichen mussten zum Teil exzessiv im Garten oder im Haushalt der Heime arbeiten oder wurden an umliegende Bauernhöfe »vermietet«. In den großen Schlafräumen gab es keinerlei Privatsphäre. Die Schulausbildung wurde vernachlässigt. Die Ehemaligen schildern diese Heime als Stätten freudloser Kindheit und Jugend.

Die schmerzhaftesten Erfahrungen machten die in Fürsorgeerziehungsheimen untergebrachten Mädchen und Jungen. Für die Jungen waren es Orte militärischen Drills, der Unterdrückung und der Ausbeutung ihrer Arbeitskraft. Arrestzellen, Prügel und demütigende Schikanen gehörten zu den normalen Erziehungsmitteln. Die Mädchen wurden in den zumeist geschlossenen Heimen häufig auf die Diagnose »sexuell verwahrlost« reduziert. Es gab Arreststrafen und entwürdigende gynäkologische Untersuchungen und ein Kontaktverbot zu Jungen.

**86** »Schwererziehbare« Jugendliche bei der Gartenarbeit, Erziehungsheim Ellener Hof, 1960.

Frühe Ausnahmen stellten kleinere kommunale Kinderheime dar, zumindest konzeptionell waren sie kind- und familienorientiert. Aber auch in diesen Heimen war das Personal schlecht ausgebildet und gering bezahlt. Deshalb wechselten Mitarbeiter/innen häufig, sodass die Kinder und Jugendlichen oft einen Verlust geliebter Bezugspersonen erlitten.

*Hermann Stöcker*

**87** Volksbücherei Utbremen, 1957.

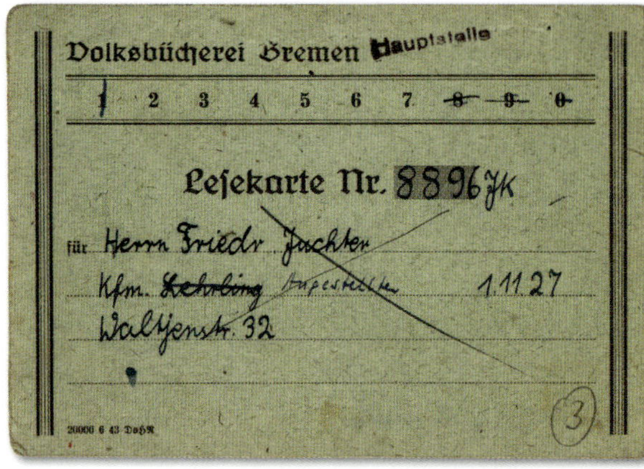


**88** Lesekarte von Friedrich, Jg. 1927, 1948/49.

## *Viel zu wenig Bücher*

»Viel zu wenig Bücher«, klagte die Bibliothekarin Fräulein Fricke, als am 9. Dezember 1949 die Jugendbücherei an der Bürgerweide eröffnet wurde. Immerhin: 3200 Bücher standen den Kindern und Jugendlichen jetzt freihand zur Verfügung. Das war angesichts der Tatsache, dass es nach dem Krieg in vielen Familien überhaupt keine Bücher mehr gab, wieder ein Anfang. Bücher waren wegen der Kriegsverluste Mangelware, neue noch lange nicht wieder auf dem Markt.

Die Zentrale der Volksbücherei und die meisten Zweigstellen waren während des Krieges zerstört worden. Aus den verbliebenen Buchbeständen musste zuerst die nationalsozialistische Literatur aussortiert werden. Viel blieb da nicht übrig. Besonders der Nachholbedarf an ausländischer Literatur war groß. Im Dezember 1945 wurde die erste Zweigstelle der Volksbücherei in der Neustadt wiedereröffnet, 1946 folgten ein Lesezimmer in der Parkstraße, später weitere Zweigstellen. Schnell waren die wenigen Bücher derart verschlissen, dass die Volksbücherei Ende 1946 für neue Leser gesperrt werden musste. 1947 wandte sich Bremen an die amerikanische Militärregierung mit der Bitte, aus dem Ausland Bücher für die Volksbücherei zu beschaffen. »Bücher aus Amerika« hieß es am 19. August 1947 im *Weser-Kurier*: 92.000 Bücher aus amerikanischen Schulen und Schulbuchverlagen, Fachbücher waren dabei, aber auch Romane von Thomas Mann, Stefan Zweig, alles in Englisch und vor allem für die bremischen Schulbüchereien gedacht. »Die Bibliothek gibt unserer Schuljugend die Möglichkeit, wenigstens ›lesend‹ den Kontakt zur Welt zu suchen und zu finden«, freuten sich die so Beschenkten. Aber auch in Bremen selbst suchte man nach Büchern. Im Rahmen einer Haussammlung für die Volksbücherei kamen im Juli 1947 5392 Bücher zusammen, davon 3873 brauchbare. Auch die Buchproduktion kam wieder in Gang, sodass das eine oder andere Buch auch neu angeschafft werden konnte. Im November 1947 konnten dann wieder neue Leser zugelassen werden, darunter auch Kinder und Jugendliche, denn das Lesen gehörte zu den beliebtesten Freizeitbeschäftigungen. Manche von ihnen hatten bisher ihre Bücher schon in der Kinder- und Jugendbibliothek des Amerikahauses ausgeliehen, wo auch beheizte Leseräume lockten.

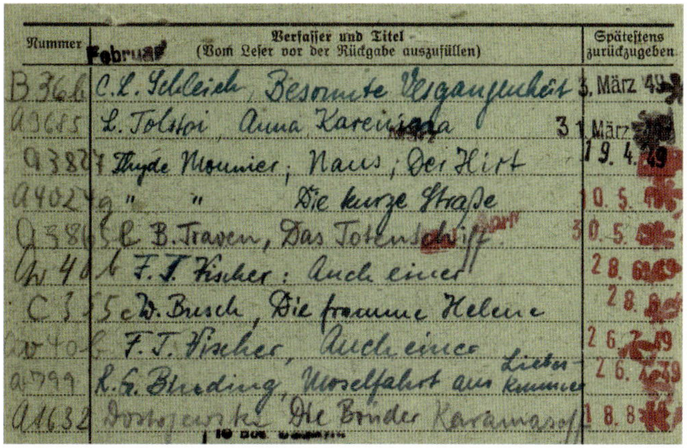


**89** Tolstoi, Traven, Busch u.a. finden sich auf Friedrichs Lesekarte, 1949.

**90** Schülerinnen besuchen eine Buchausstellung, Schule Arbergen, 1957.

Schaut man in die Zugangsbücher der Jugendbücherei an der Bürgerweide, so findet man 1949 noch heute Bekanntes verzeichnet: *Huckleberry Finn* von Mark Twain, *Nonnis Reise um die Welt* von Jón Sveinsson, für die Mädchen *Gritlis Kinder* oder *Heimatlos* von Johanna Spyri, von Charles Dickens *Copperfield*, Walter Bauers *Inga im Wald*, für die größeren Jungen das *Neue Universum*, und auch *Buffalo Bill* fehlte nicht.

Anfang der 1950er Jahre zog die Jugendbücherei als »Bücherei der Jugend« von der Bürgerweide ins Berufsbildungszentrum am Wall. Mit seinen 4400 Bänden sei die Einrichtung einmalig in der Bundesrepublik, hieß es damals in den Medien. An der Bürgerweide fungierten die alten Räume jetzt als Kinderbücherei, die wie die Bücherei der Jugend auch weiterhin eifrig besucht wurde.

1957 forderte die Deputation für Kultur und Wissenschaft »Jedem Bremer sein Buch«. In einem Zwanzigjahresplan sollten eine Bücherei in jedem Stadtteil, eine Schulbibliothek in jeder Schule und weitere Jugendbüchereien in den neu erbauten Stadtteilen entstehen, ein Programm, das dann auch im Verlauf der 1960er Jahre realisiert wurde. Dass das dem damaligen Bedarf an »Lesefutter« entsprach, zeigt das Ausleihregister der Volksbücherei von 1960: Es verzeichnete eine Million Ausleihen von circa 250.000 verschiedenen Titeln – viele dieser Bücher dürften damals auch durch die Hände von Kindern und Jugendlichen gegangen sein.

*Hartmut Müller*

**91** Zwei von vielen Lieblingsbüchern.

Angelika, Jg. 1954: *Kaum konnte ich lesen, habe ich meinem älteren Bruder aus Karl May vorgelesen, wenn er zur Strafe Holz hacken sollte.*

## *Mit Büchern in die Welt hinein*

Bücher für Kinder und Jugendliche können in Fantasiewelten spielen oder mit der Wirklichkeit zu tun haben, manchmal auch beides gleichzeitig. Wie viel Wirklichkeit war in den Kinderbüchern ab 1945? Was stand hier über die gerade zu Ende gegangene NS-Zeit, über den von Deutschland entfesselten Krieg und über den Holocaust, die mit deutscher Gründlichkeit betriebene Ermordung von sechs Millionen europäischen Juden? Fast nichts. Das Thema wurde bis in die späten 1960er Jahre weggeschoben und verdrängt.

Eine Ausnahme ist die 1946 erschienene realistisch-abenteuerliche Erzählung für Jugendliche *Als ich wiederkam. Aus Erwins Tagebuch*. Sie gehört zum Zyklus *Die Kinder aus Nr. 67*, den Lisa Tetzner im Schweizer Exil schrieb. Der in Berlin aufgewachsene Erwin, unter Hitler mit den Eltern ins Exil gegangen, kehrt als junger englischer Soldat in die nicht nur materiell, sondern auch moralisch verwüstete Heimat zurück. Hier glauben manche immer noch fanatisch an Hitler; andere aber schämen sich für die deutschen Verbrechen.

Sorgloser geht es in Astrid Lindgrens – 1949 auf Deutsch erschienenem – Kinderbuch *Pippi Langstrumpf* zu. Ohne Schule und Aufsicht von Erwachsenen, dafür ein eigenes Pferd besitzen, einen verständigen Affen, einen Koffer voller Goldstücke und Riesenkräfte – Pippis Leben wurde zum Traum unzähliger Kinder und zur Sorge mancher Eltern: Leitete dieses so selbstbewusste Mädchen mit den roten Zöpfen und den ungleichen Strümpfen nicht zum Ungehorsam an?

Für die Jüngeren schrieb der gebürtige Helgoländer James Krüss seit den 1950er Jahren eine Reihe fantasievoller Erzählungen in eingängigen Versen. Das von Katharina Maillard illustrierte Bilderbuch *Hanselmann reist um die Welt* (1953) zeigt einen weiteren Kindertraum: Ein Schuljunge wird zum Seefahrer. Rund um den Globus erlebt er lustige Abenteuer und Begegnungen, von denen er am Ende zu Hause, vor staunendem Publikum, sein Garn spinnt.

**92** Kinder lesen auf einer Straße im Schnoor, 1959. Für Kinder und Jugendliche war Lesen eine wichtige Freizeitbeschäftigung. Es erlaubte ihnen die Flucht aus dem tristen Alltag der Nachkriegs- und Aufbaujahre.

Einen realistischen, anregenden und erzählerischen Blick in die weite Welt eröffnete dagegen das reich illustrierte Lexikon *Die Kinderwelt von A bis Z*. Es erschien erstmals 1954 und stand, in immer neuen Auflagen, bis in die 1970er Jahre in vielen Kinderzimmern.

*Michael Nagel*

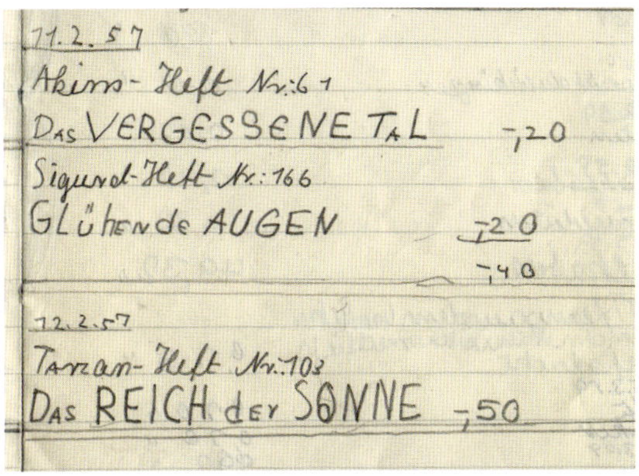
11.2.57
Akim-Heft Nr.: 61
DAS VERGESSENE TAL -,20
Sigurd-Heft Nr.: 166
GLÜHENDE AUGEN -,20
-,40
12.2.57
Tarzan-Heft Nr.: 103
DAS REICH der SONNE -,50

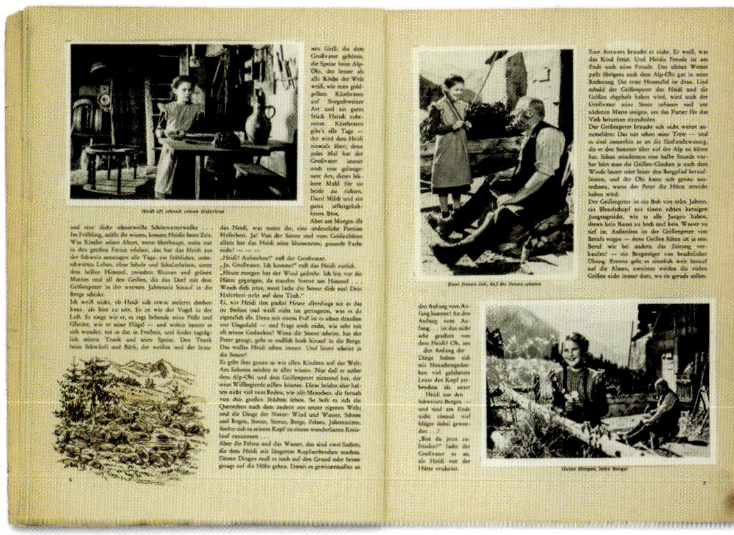

**93** Taschengeld-Buchhaltung von Malte-Lüder, Jg. 1946, im Schreibheft 1957 notiert. Malte gab sein Taschengeld vor allem für Akim-, Sigurd- und Tarzanhefte aus und notierte sorgfältig, welche Nummern er erworben hatte.

**94** Edeka-Sammelalbum *Heidi*, 1954, eins von Liebgards Lieblingsbüchern. In der bilderarmen Zeit nach 1945 waren Sammelbilder für Kinder ein Schatz.

**95** Lesen konnte man überall: in der *Lila Eule*, um 1960.

**96** Ralf, Jg. 1942, schmökert auf dem häuslichen Sofa, 1958.

## *Seeluft für Jungen, Hexen für Mädchen*

Verhält sich ein »richtiger Junge« anders als ein »typisches Mädchen«? Bleibt immer die Mutter daheim bei Haushalt und Familie, geht immer der Vater zur Arbeit? Ja, natürlich – so hätten die meisten bis zum Ende der 1960er Jahre geantwortet. Diese Auffassung von den festgefügten Rollen der Geschlechter findet sich in vielen Kinder- und Jugendbüchern der Zeit.

Dass Seefahrt Männersache ist, merkten »richtige Jungen« schon auf den ersten Seiten von Rolf Ulricis Erzählung *Käpt'n Konny schnuppert Seeluft* (1958). Vier Freunde fahren hier bei Nacht und Nebel, ohne Wissen der Eltern, mit einem Segelboot auf das offene Meer hinaus. Als ein Sturm aufkommt, können sie einen schiffbrüchigen Fischer retten, geraten dann aber selber in große Gefahr. Das unbesonnene Abenteuer geht noch einmal gut, und ein paar Tage später sitzen alle in der Stube des Geretteten, lassen sich den Kuchen schmecken, den seine Frau so besonders gut backen kann.

Auf See, in eine Welt ohne Frauen, führt auch der historische Roman *Der Sohn des Kolumbus* von Hans Baumann. Hintergrund der 1951 erstmals erschienenen, vielfach neu aufgelegten Erzählung um die Freundschaft zweier Jugendlicher ist die vierte Fahrt des Kolumbus (1502–1504). Wie andere Jugendschriftsteller dieser Zeit war Baumann schon vor 1945 erfolgreich gewesen; sein Lied »Es zittern die morschen Knochen« hatte sich die Hitlerjugend zur Hymne erkoren. Von dieser Vergangenheit distanzierte er sich, und doch wirkt sie bei ihm fort, etwa im männerbündischen Ton seiner beliebten Jungenbücher.

Ein viel gelesenes Mädchenbuch war *Die kleine Hexe* (1957) von Otfried Preussler, dem großen Meister der fantastischen Kinder-Erzählung. Selbstbewusst wie bereits »Pippi Langstrumpf« folgt hier ein Hexen-Mädchen – von erst hundertsiebenundzwanzig Jahren! – den eigenen Vorstellungen von Richtig und Falsch und lässt sich dabei von den großen, bösen Hexen nicht hineinreden. Als Begleiter und Berater hat sie ihren – männlichen? – Raben Abraxas.

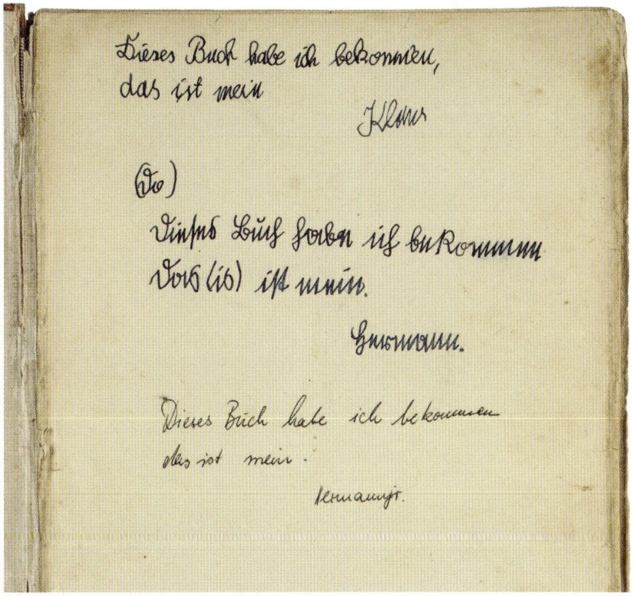


Eine andere Art Mädchen ist die junge Laura, Hauptfigur von Laura Ingalls Wilders autobiografisch geprägter Serie *Kleines Haus* (später: *Kleine Farm*). Nicht eigensinnig und rebellisch, sondern eingebunden in die Familiengemeinschaft und die Arbeiten in Haushalt und Landwirtschaft, berichtet sie aus genauer Beobachtung von Alltag und Abenteuern als Siedler in der weiten amerikanischen Landschaft. Der dritte Band *Kleines Haus am blauen Fluß* erschien übersetzt seit 1952.

*Michael Nagel*

**97** Marie, Jg. 1946: *In »Für Dich« stand viel über tolle Frauen, beispielsweise Elsa Brändström oder Marie Curie. Es wurden auch verschiedene Berufe vorgestellt von der Chefköchin bis zur Archäologin.*

**98** Bücher waren teuer. Deshalb wurde der Robinson von 1915 vererbt; hier von Hermann, Jg. 1924, zuerst an Bruder Klaus, Jg. 1932, dann an Sohn Hermann, Jg. 1948.

**99** Werbeträger Stundenplan mit gut genährten, schön gekleideten und für die Schule vollständig ausgestatteten Kindern, 1949.

Ulla M. Nitsch, Ulli Sittermann

# *Das Recht, glücklich und zufrieden als Kind zu leben*

## Initiativen für eine demokratische und kindgerechte Schule nach 1945

Reformpädagogische Vorstellungen prägten die Entwicklung der bremischen Bildungspolitik nach dem Ende der nationalsozialistischen Diktatur und des Zweiten Weltkriegs, die eine moralisch und materiell zerstörte Schullandschaft zurückgelassen hatten. An deren raschem Neuaufbau arbeiteten Pädagogen, die ihre Wurzeln in der Versuchsschulpraxis der Weimarer Republik hatten. Der erfahrene Versuchsschullehrer Christian Paulmann (1897–1970), der im März 1933 entlassen worden war, wurde im Juni 1945 erster Bremer Schulsenator. Einige seiner ehemaligen Mitstreiter wurden Schulräte, Schulleiter oder bildeten an der 1947 neu begründeten Pädagogischen Hochschule junge Lehrkräfte aus. Andere waren in pädagogischen Zirkeln aktiv, die an neuen Inhalten und Unterrichtsformen für die bremischen Schulen arbeiteten. Sie alle belebten Verbindungen wieder, die sie zu reformpädagogischen Kolleg/innen schon in den 1920er Jahren oder im Exil geknüpft hatten. Es gab Kontakte, besonders in die USA, aber auch nach England, Schweden, Frankreich, Holland, Dänemark oder in die Schweiz. Außerdem kehrten einige vor allem nach Großbritannien emigrierte Lehrerinnen nach Bremen zurück: Martha Friedländer wurde Leiterin der Schwerhörigen- und Sprachheilschule; Grete Henry leitete von 1947 bis 1950 die Pädagogische Hochschule; die spätere Schulrätin Eva Seligmann unterrichtete ab 1953 an der Schule für kriegsgeschädigte Kinder am Brommyplatz. Wesentlich mitverantwortlich für die Neuorientierung im Erziehungswesen war die Education Division der amerikanischen Militärregierung. Ihr Chief, Harold H. Crabill, war ein Schüler von John Dewey (1859–1952), einem einflussreichen Pionier einer kind- und handlungszentrierten demokratischen Pädagogik. So entfalteten und erweiterten sich in Bremen Netzwerke, die man als »humanistic-minded« charakterisieren kann. Diese Kennzeichnung verwendete Elisabeth Means, die das inhaltlich richtungsweisende *Textbook and Curriculum Writing Center* aufbaute. Ihre Arbeit stellte sie unter das Motto: »Jedes Kind hat das Recht, glücklich und zufrieden als ein Kind zu leben, und jedes Kind hat das Recht, alle Möglichkeiten für die Zukunft erschlossen zu bekommen.«[1] Dieses Ziel und die in der Landesverfassung von 1947 verankerten demokratischen Bildungsziele – Toleranz, Völkerverständigung, Bereitschaft zur Beteiligung am Wiederaufbau – wurden zur Leitlinie der Schulpolitik.

Vor allem Neubeginn aber wurden im Rahmen der Entnazifizierung ab Sommer 1945 viele Lehrkräfte entlassen und Schulbücher und Lehrmittel mit militaristischen und nationalsozialistischen Inhalten aussortiert. Bis zum Herbst wurde noch vorhandener Schulraum notdürftig wiederhergestellt. Am 10. September konnten die Grundschulkinder als erste wieder zur Schule gehen; ab

**100** Zerstörte Olbers-Schule am Doventorsteinweg, 1946.

**101** Konferenz in der Schulbehörde mit Senator Paulmann (4. v. l.), 1945.

1. Dezember konnten auch alle anderen Schüler/innen wieder unterrichtet werden, wegen der großen Not an Raum und Lehrkräften lange Zeit im Schichtunterricht.

In den Folgejahren wurden viele Ideen und Initiativen für eine kindgerechte und demokratische Schule entwickelt. Sie lassen sich aus dem bremischen pädagogischen Fachorgan *Der Kreis* rekonstruieren, das von 1948 bis 1951 erschien. Dort formulierte Christian Paulmann im Januar 1949 Grundgedanken für die bremische Schulpolitik und ließ sich dabei von Erfahrungen bestärken, die er von einer längeren Reise in die USA mitgebracht hatte. Bei aller Unterschiedlichkeit der politischen Lage sei er doch von der US-amerikanischen »general education« überzeugt: »Alle Schularbeit dient dazu, eine wirkliche Demokratie und eine soziale Haltung bei den Kindern zu entwickeln und zu verstärken. Daher lernen die Kinder bereits in der Schule, daß alle Menschen gleichwertig sind, daß sie gleiche Rechte haben, und daß es eine Menschenwürde gibt. Der Ausdruck ›vom Kinde aus‹ bedeutet, dem jungen Menschen den gleichen Anspruch auf die Wahrung seiner Rechte und seiner Persönlichkeit wie jedem Erwachsenen« zuzugestehen.[2] Das amerikanische Schulwesen sei relativ frei von staatlicher Bevormundung, und auf kommunaler Ebene bestehe ein enger Kontakt zwischen Schule und Elternhaus. Auch sei in der amerikanischen Familie Demokratie ein gelebter Tatbestand, und Kinder würden ernst genommen. »Bei uns ist die Familie in vielen Teilen noch ein Abbild des autoritären

**102** Neue Schiefertafel, geerbter Tafelschoner, 1945.

**2. Erziehung und Unterricht**

**Art. 26. [Erziehung und Bildung der Jugend]** Die Erziehung und Bildung der Jugend hat im wesentlichen folgende Aufgaben:

1. Die Erziehung zu einer Gemeinschaftsgesinnung, die auf der Achtung vor der Würde jedes Menschen und auf dem Willen zu sozialer Gerechtigkeit und politischer Verantwortung beruht, zur Sachlichkeit und Duldsamkeit gegenüber den Meinungen anderer führt und zur friedlichen Zusammenarbeit mit anderen Menschen und Völkern aufruft.
2. Die Erziehung zu einem Arbeitswillen, der sich dem allgemeinen Wohl einordnet, sowie die Ausrüstung mit den für den Eintritt ins Berufsleben erforderlichen Kenntnissen und Fähigkeiten.
3. Die Erziehung zum eigenen Denken, zur Achtung vor der Wahrheit, zum Mut, sie zu bekennen und das als richtig und notwendig Erkannte zu tun.
4. Die Erziehung zur Teilnahme am kulturellen Leben des eigenen Volkes und fremder Völker.

**103** Erziehungsziele in der Bremer Landesverfassung, 1948.

Systems, wo der Vater das Oberhaupt ist und das Kind an letzter Stelle kommt.«[3] Wenn aber die jungen Menschen im Zentrum aller pädagogischen und politischen Neuorientierung stehen sollen, dann, so Paulmann, müsse mit bestimmten historischen Traditionen gebrochen werden. Denn hier in Deutschland habe immer der Staat an erster Stelle gestanden. »Die gesamte deutsche Geschichte zeigt immer den Menschen u n t e r dem Staat, nur als Untertan.«[4] Herausragendes Prinzip müsse zukünftig die Erziehung der Kinder zur Selbstständigkeit im Rahmen einer demokratisch gestalteten Gemeinschaft werden.

Um diese inhaltlichen Vorstellungen zu verwirklichen, wurden auf ganz unterschiedlichen Ebenen Veränderungen eingeleitet. Nach der gesetzlichen Fixierung demokratischer Bildungsziele in der Bremer Landesverfassung wurden mit dem Gesetz über das Schulwesen der Freien Hansestadt Bremen vom 4. April 1949 Weichen für eine neuartige Schulstruktur gestellt. Am Anfang stand als »großer Wurf« die Einführung einer 6-jährigen Grundschule. Mit ihr sollte eine allzu frühe Festlegung des Bildungsweges und die damit häufig verbundene soziale Aufspaltung überwunden werden. Darauf aufbauend waren Volksschuloberstufen, Gymnasien, Berufsschulen und Wirtschaftsgymnasium als gleichwertige Oberstufenzweige vorgesehen. Um Kindern aus allen sozialen Schichten den Zugang zur höheren Schule zu erleichtern, wurde das Schulgeld abgeschafft und für alle Schüler/innen eine Lehr- und Lernmittelfreiheit eingeführt.

Wegen der Kriegszerstörungen war der Bau neuer Schulgebäude unabdingbar. Schon im Jahr 1948 wurden der Öffentlichkeit die Pläne dafür in einer Ausstellung in der Unteren Rathaushalle vorgestellt. Das »neue Schulhaus« sollte in Architektur und Ausstattung den skizzierten Anforderungen an Schule gerecht werden.

**104** Mädchen und Jungen wurden am 10. September 1945 gemeinsam eingeschult, Schule Lange Reihe.

**105** Abiturklasse Kleine Helle, 1950. Die Einführung der Koedukation in den Gymnasien war erst 1971 flächendeckend umgesetzt.

Die ungenügende Zahl und Qualifikation der vorhandenen Lehrkräfte stellte eine weitere Schwierigkeit dar. Denn auch von den politisch unbelasteten Lehrer/innen, die den Krieg überlebt hatten, war nur ein kleinerer Teil auf einen schülerbezogenen Unterricht und ein demokratisches Schulleben vorbereitet. Zur Personalbeschaffung gab es 1946 verschiedene Maßnahmen: die Wiedereröffnung des Studienseminars, Fortbildungslehrgänge mit dem Erziehungszweck Demokratie für zunächst entlassene Lehrkräfte und die Einrichtung eines Pädagogischen Seminars für Männer über 24 Jahren, die nicht mehr in die allgemeine Volksschullehrerausbildung passten. Schließlich sollte die 1947 gegründete Pädagogische Hochschule für den Nachwuchs an Volksschullehrer/innen sorgen – 1949 zählte sie bereits 150 Studierende. Von ihr gingen wichtige Impulse für die Neuentwicklung der bremischen Schule aus, da sich die Ausbildung an demokratischen und reformpädagogischen Ideen orientierte. Der Fachlehrermangel an höheren Schulen war allerdings auf diesem Wege kurzfristig nicht zu beheben. Schulbehörde und Senat entschlossen sich daher – auch mit Billigung der amerikanischen Militärregierung –, Lehrkräfte, die durch ihre Aktivitäten in der Zeit des Nationalsozialismus politisch belastet waren, bei entsprechender Beleumundung wieder einzustellen. Zahlreiche Zeitzeugenaussagen legen nahe, dass die Rückkehr dieser Lehrkräfte das Klima in den Schulen negativ beeinflusste. Trotzdem entfalteten sich in vielen Schulen ein mehr auf die Schüler/innen bezogener Unterricht und ein reges Schulleben.

In der Zeitschrift *Der Kreis* kann man nachverfolgen, dass sich viele der reformwilligen Lehrkräfte an der Gestaltung neuer Lehrpläne beteiligten. An den mehrtägigen Seminaren zur Neugestaltung der Grundschule oder zur Einführung des Faches Gemeinschaftskunde nahmen jeweils knapp einhundert Lehrer/innen teil. Zu neuen Lehrplänen und Lernmethoden wurden Schulbücher mit aktuellen Aufgaben benötigt. Sie sollten Anreize bieten, »über den Tellerrand hinaus« zu schauen und sich die Welt zu erarbeiten. Diesem Ziel dienten auch der Schulfunk und der Einsatz von Unterrichtsfilmen. Außerdem wurden anschauliche Lehrmittel entwickelt, mit denen die Schüler/innen selbsttätig lernen konnten. Schulbüchereien, für die

**106** Die NS-Schulbücher wurden 1945 aussortiert. Für Schulanfänger erschien beim *Weser-Kurier* die bereinigte Gansberg-Fibel, später meist durch *Tür und Tor* ersetzt. Sonst wurden zunächst Notausgaben mit Inhalten aus den 1920er Jahren genutzt. Abgelöst wurden sie von Leseheften mit zeitbezogenen Darstellungen, die ab 1948 vom Arbeitskreis Bremer Schule entwickelt wurden. Für den Druck der ersten Partien wurden 1948 aus den USA 1.500.000 kg Papier geliefert. Bremen musste auch überregionale Schulbücher zulassen – besonders für Gymnasien und Berufsschulen. Geschrieben wurde zunächst auf jedem Papierschnipsel. Schulheftspenden aus den USA verbesserten die Lage. Nach der Währungsreform konnte man wieder Hefte und sogar »feine Löschblätter« gegen Tintenkleckse kaufen.

**108** Um den Unterricht anschaulich zu gestalten, behalfen sich viele Lehrkräfte zuerst mit improvisierten Lehrmitteln. Beim Bau und der Erweiterung von Schulen entstanden Räume, in denen die Schüler/innen selbst experimentieren konnten.
Oben: Dampfdrucktopf und Tellurium, 1946.
Unten: Chemiearbeitsraum im Gymnasium Am Barkhof, 1957.

**107** Schulrat Aevermann erlebte häufig den »betrüblichen, um nicht zu sagen erschreckenden Anblick« von Unterrichtsgesprächen, bei denen jeder Schüler nur zum Lehrer oder zum Rücken seiner Klassenkameraden sprach. Um das zu ändern, wurde für die neu erbauten Schulen eine flexible Möblierung angeschafft. Auch die alten Bänke wurden nach und nach ersetzt. Es gab Schränke für Materialien, Borde zur Präsentation von Schülerarbeiten, Lautsprecher zum Empfang des Schulfunks. In der freundlichen »Schulwohnstube« konnte in Tischgruppen oder im Stuhlkreis gearbeitet werden. Sogar der Lehrertisch war aus seiner frontalen Position wegzubewegen, ein Schritt zu weniger hierarchischen Beziehungen zwischen Schüler/innen und Lehrkräften.

anfangs nur schwer Bücher zu beschaffen waren, versorgten Kinder und Jugendliche mit Lesestoff. Theaterspielen, Handpuppen- und Marionettentheater, Musikaufführungen, Sportfeste und schließlich Ausflüge oder Ausfahrten ins Schullandheim – zu allen diesen Themen finden sich im *Kreis* lebendige Beispiele aus dem Schulalltag um 1950.

Wo Lehrkräfte sich auf solche Projekte einließen, schufen sie nicht selten Inseln der Geborgenheit, die die Schüler/innen bei anderen Lehrer/innen oder zu Hause oft bis weit in die 1950er Jahre vermissten.

Nach einem kraftvollen Anfang verlor die Schulreform nach wenigen Jahren an Tempo und Entschiedenheit. Dafür gibt es eine Reihe von Gründen. Mit der Konstituierung der Bundesrepublik verminderte sich der Einfluss der amerikanischen Besatzungsmacht entscheidend und damit auch die weitere Unterstützung des bis dahin gemeinsam beschrittenen Weges in der Schulpolitik. Mit der schon angesprochenen Rückkehr belasteter Lehrkräfte entstanden neue Widersprüche in den Schulen. Nach dem Verlust der sozialdemokratischen Mehrheit bei den Wahlen 1951 und der Bildung einer Koalition aus SPD, CDU und FDP erstarkten die bürgerlichen Kräfte, die am traditionellen dreigliedrigen Schulsystem festhalten wollten und die neue horizontal gegliederte Schulstruktur als »sozialistische Einheitsschule« verteufelten. Das führte zur Abschwächung und zur teilweisen Rücknahme der Reformen. Dies betraf besonders die schwer umkämpfte 6-jährige Grundschule. Außerdem argumentierten die übrigen Bundesländer gegen einen Sonderweg Bremens. Trotz dieser restaurativen Entwicklungen wurde mit der reformorientierten Schulpolitik der Nachkriegsjahre der Grundstein für die neue gesellschaftliche Entwicklung im Bildungs- und Schulwesen gelegt – auch wenn der Weg zur Realisierung ihrer Ziele noch bis heute andauert.

**109** Schule Halmer Weg, »Marktplatz«, Architektenzeichnung von Gerhard Müller-Menckens. In den neuen Schulen war eine multifunktionale Fläche für Begegnung, Aufführungen und die Öffnung zum Stadtteil und, wo Turnhallen fehlten, auch für Sportunterricht vorgesehen.

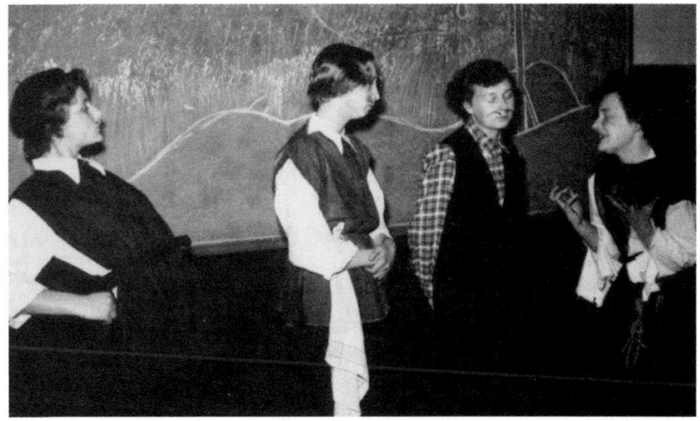

**110** Theaterspiel *Hans Sachs* zum Schulfest an der Karlstraße 1952. Die Kulisse ist an die Tafel gezeichnet.
**111** Blockflötenunterricht in der Schule am Pulverberg, 1953.

**112** Inspiriert von den Mosaiken, die als »Kunst am Bau« viele der neuen Schulen schmückten, fertigten Schüler/innen Mosaikarbeiten an. Schule an der Fischerhuder Straße, 1958.
**113** Stricken auch für Jungen, 1951.
**114** Mit Hexenstich besticktes Nadelheft von Heike, Jg. 1942, Schule Grolland, etwa 1953.
**115** Werkarbeit, Schule Delmestraße, 1958. In Gemeinschaftsarbeit stellten Schüler die Karavelle *Santa Maria* her und schenkten sie ihrer Schule.

**116** Die Gestaltung der 6-jährigen Grundschule war um 1950 ein Schwerpunkt der Schulpolitik und der Fortbildung für Lehrkräfte. Spielen, Lernen, praktische Betätigung und Lebensnähe waren die entscheidenden Stichworte.

Oben: Gudrun, Jg. 1946, malte ihren Nikolausteller, um 1952.
Unten: Arbeit im Gruppenraum, Schule am Baumschulenweg, 1955/56.

**117** Vorstellung des Verkehrskaspers mit einer der neu eingestellten Polizistinnen, 1949. Mit unterschiedlichen Mitteln wie dem Verkehrskasper, Spielen zur Verkehrssimulation oder auch Broschüren mit Versen und Geschichten wurde den Heranwachsenden das richtige Verhalten auf der Straße nahegebracht.

## *Sonderschule: Anspruch und Wirklichkeit*

Nationalsozialismus und Zweiter Weltkrieg hatten die Fähigkeiten und die seelische Gesundheit vieler Kinder beeinträchtigt. Trotzdem waren manche mehr und besonders betroffen. Sie gingen in »Sonderklassen für kriegsgeschädigte Kinder« oder in eine der »Hilfsschulen«. Auffällig war die hohe Anzahl stotternder Kinder. Sie verloren ihre flüssige Sprache nach Bombenangriffen oder Evakuierung oder durch unerträglichen familiären Druck. Ihr Stottern verstärkte sich in der Schule, wenn sie gehänselt oder gedemütigt wurden, verschwand aber oft in einer akzeptierenden, freundlichen Umgebung. Ohrenkrankheiten waren verbreitet und wurden unzureichend behandelt. Daher gab es auch viele schwerhörige Kinder. In den großen Nachkriegsklassen verstanden sie wenig und wurden leicht als dumm abgestempelt. Schließlich litten nicht wenige Kinder an Entwicklungsstörungen – sie waren schüchtern und zurückgezogen oder misstrauisch und aggressiv. All diese Kinder brauchten Aufmerksamkeit und spezifische Förderung, die damals in der »normalen« Schule kaum möglich war. Daher wurden in den 1950er Jahren mehrere neue Sonderschulen eingerichtet. Sie sollten Schutzräume für das Lernen und das Entwickeln von Lebensfreude bieten. Die Lehrerkollegien, so die spätere Schulrätin für das Sonderschulwesen Eva Seligmann, waren zunächst bunt zusammengewürfelt und kaum heilpädagogisch qualifiziert. Diagnostische Fähigkeiten und pädagogische Strategien fehlten und es herrschte oft ein für die Kinder schädlicher autoritärer Ton. Um das zu bessern, schickte die Schulbehörde Lehrkräfte zu einem Sonderschul-Aufbaustudium nach Hamburg.

*Ulla M. Nitsch*

**118** Rosenmontag in der »Schule für entwicklungsgestörte Kinder« am Brommyplatz, 1960. Sie wurde von 1956 bis 1963 von Eva Seligmann (rechts im Bild) geleitet.

**119** In der »Schwerhörigen- und Sprachheilschule«, 1959. Sie wurde 1953 in der Marcusallee eingerichtet und erhielt 1959 einen Anbau. 1955 entstand auch eine für die Bedürfnisse sehbehinderter Kinder ausgestattete Schule.

## *Erziehung zur Demokratie*

Zur demokratischen Neuorientierung des bremischen Schulwesens gehörte neben neuen Lehrplänen das neue Fach Gemeinschaftskunde. Dessen Ziele wurden 1949 in einer Lehrerfortbildung bestimmt: Gemeinschaftskunde solle soziale und politische Probleme aufgreifen. Damit die Schüler/innen das Leben in und außerhalb der Schule als sinnvoll und befriedigend erfahren, seien gemeinschaftliche Tätigkeiten und Erlebnisse nötig. So würden Gemeinschaftssinn entwickelt und demokratische Lebensformen geübt. Das Fach solle helfen, die Welt und die einzelnen Völker »im richtigen Licht zu sehen«. Dabei gehe es um Wissen und die Förderung der internationalen Verständigung als Basis für Frieden und soziales Wohlergehen der Welt.

In diesen Zielsetzungen zeigt sich, dass die bremischen Nachkriegsschulreformer den Blick vor allem nach vorn auf die angestrebten demokratischen Verhältnisse richteten. Im *Kreis* wird aber auch gefordert, Nationalsozialismus und Militarismus im Unterricht nicht zu umgehen, sondern deren Gefahren zu offenbaren. Vor allem aber sollten in Gemeinschaftskunde Gegenwartsfragen und die Wirklichkeit außerhalb der Schulmauern diskutiert werden – möglichst auf Anregung der Schülerschaft. In der Schule sollten die Schüler/innen lernen, ihr Leben und ihre Umgebung zu gestalten. Übungsfelder dafür fanden sich im Engagement für den Schülerring oder die Schulzeitung, in der gemeinschaftlichen Regelung des Schulalltags und in der Gestaltung des Schullebens mit seinen Musik- und Theateraufführungen, den Jazz- und Fotoarbeitsgemeinschaften und in der Organisation von – teilweise wohl großartigen – Festen.

*Ulli Sittermann*

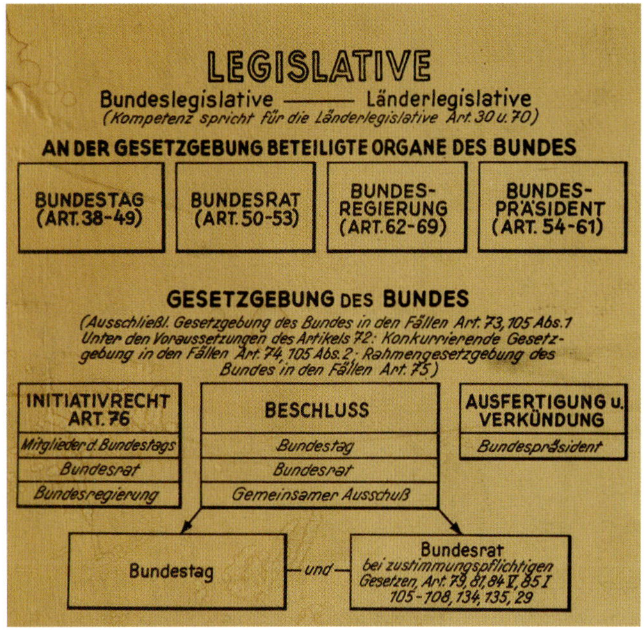


**120** Ausschnitt aus einem Wandbild, das den Prozess der Willensbildung im politischen System der Bundesrepublik darstellt, 1949.

**121** Ausflug der Schule an der Claudiusstraße, 1951. Fähnchen mit dem Aufdruck *Weser-Kurier* stellen einen ersten Kontakt zum Informationsmedium Zeitung und zur freien Presse her.

## *Vom Schulfunk waren wir begeistert*

Nach dem Krieg wurde der Neuaufbau einer Rundfunkstation in Bremen von den Amerikanern organisiert. Der Schulfunk gehörte von Anfang an zum Programm. Die musikalischen Beiträge, Berichte aus Kulturleben und Geschichte der Hansestadt und Hörspiele wurden nicht nur von Schüler/innen gern gehört, sondern auch von Erwachsenen, ob am Arbeitsplatz oder zu Hause.

Viele ältere Lehrkräfte taten sich schwer mit dem Schulfunk und seiner politischen Ausrichtung und besonders auch mit seiner Musik. Im Fachunterricht hätte dieser »amerikanische« Rundfunk und seine »Mätzchen« – mit Originaltönen, Musik und Geräuschen – nichts zu suchen! Besonders gespalten war man bei den Sendungen zur neuen Demokratie wie »Die Welt von heute«, »Das sprechende Schülermagazin« oder »Wie denkst du darüber?« Die Eltern teilten nicht immer die Begeisterung für den Schulfunk. Heute unvorstellbar, mussten viele zu Hause sogar das Radiogerät ausschalten, wenn Sendungen zur Oper oder – ab 1948 – »Kleine Stücke großer Meister« kamen. Diese Schulfunk-Beiträge über verschiedene Instrumente und »Das musikalische Meisterwerk« waren fester Bestandteil des Musikunterrichts. Aber bei Jazz-Sendungen gab es sogar in der Schule heftige Beschimpfungen, dies sei »Negermusik«!

Mucksmäuschenstill lauschten die Klassen den 15 Minuten langen Sendungen. Auch die Lehrkräfte hörten die Sendungen häufig zum ersten Mal. Die Schulfunkredaktionen sahen darin sogar ein besonderes demokratisches Element, weil Lehrkräfte und Lernende gemeinsame Hör-Erlebnisse hatten, von denen beide Seiten gleichermaßen überrascht waren. So war der Schulfunk nach Jahrzehnten der lehrerzentrierten Vermittlung ein lebendiger Impuls für gemeinsame Entdeckungen. Liest man heute die pädagogischen Leitlinien des Schulfunks, versteht man, warum manche Schüler sich bis heute an Hörspiele zur Geschichte erinnern, während eingepaukte Geschichtszahlen längst vergessen sind.

**122** Aufnahme für eine der ersten Schulfunksendungen bei Radio Bremen, 1948.

Ganz wichtig waren für die Lehrkräfte die ab 1948 erscheinenden Schulfunkhefte. Sie gaben Anregungen zur Einbettung der Sendungen in den Unterricht. In Eingangstexten gab es Hinweise zur pädagogischen Nutzung des Schulfunks, Sachinformationen, Sendeverlauf und Arbeitsmöglichkeiten. Diese Hefte wurden von Lehrkräften zum Teil auch als Unterrichtsmaterial genutzt, wenn sie die Sendungen gar nicht empfangen konnten. Zu den Themen gab es große Fotos und Abbildungen – diese betrachten zu können, auch das war für die Schulkinder in der fast bilderlosen Nachkriegszeit etwas ganz Besonderes.

*Rudi Geisler*

**123** Schrankwand mit Lautsprecher für gemeinsames Radiohören, Schule Am Sattelhof, Ende 1950er Jahre.

**124** Rolf, Jg. 1944, vor dem Radio der Familie, 1954.

Rudi, Jg. 1941, erinnert sich: *Zwei Programmangebote ließen wir nie aus: die Suchmeldungen des Roten Kreuzes, bei denen wir hofften, den Namen unseres verschollenen Vaters zu entdecken, und die Schulfunksendungen. Sie eröffneten uns ein Fenster aus dem engen, kalten Wohnraum nach draußen.*

**125** Gerhard Schäfer, Jg. 1922, absolvierte ab 1946 ein Lehrerstudium an der PH in Bremen und war danach Lehrer an der Schule Schleswiger Straße. Ab 1947 begann er zusammen mit Marianne Lebek und engagierten Lehrkräften den Schulfunk aufzubauen. Am 6. Dezember 1948 ging der Schulfunk das erste Mal auf Sendung: »Galileo Galilei – Und sie bewegt sich doch«. Das war der Beginn einer der erfolgreichsten Sendereihen von Radio Bremen. Ein Schüler schrieb 1949: »Lieber Schulfunk, Du machst uns immer so viel Freude«.

**126** Schulfunkhefte erschienen ab 1948 zur Vorbereitung der Lehrkräfte.

## *Der erste Film meines Lebens*

*Unser ganzer Jahrgang saß 1947 auf Holzbänken erwartungsvoll in der Turnhalle, die Vorhänge wurden zugezogen und der aufgebaute Projektor begann zu rattern und zu flackern. Der erste Film meines Lebens begann, der Mund blieb nicht nur bei mir offen, und niemand wagte den Blick von der weißen Wand zu nehmen. Der vom häufigen Einlegen in den Projektor total zerkratzte Vorspann verriet den Titel: »Tischlein deck dich!« Dieser Puppentrickfilm der Gebrüder Diehl aus dem Jahr 1936 kam schwarz-weiß flackernd und ohne Ton ans Licht, ruckelnde Bewegungen der Akteure, einige Überschriften in deutscher Schrift – und dennoch unvergesslich. Als der Dukatenesel (»Esel streck dich!«) plötzlich einen stinkenden Haufen statt der erhofften Geldstücke von sich gab, tobte die Schülerschaft vor Begeisterung. Noch mehr gejubelt wurde, als der diebische Wirt bei »Knüppel aus dem Sack!« verdroschen wurde. Das Beste aber war für uns der Tisch mit lauter Köstlichkeiten. Angesichts der Steckrüben und des ewigen Sirups auf dem Brot, angesichts der klebrigen Schulspeisung auf den leeren Magen gab es optisch einen überfüllten Tisch, von mir und meinen Schulkameraden begleitet von riesigem Beifall – das war besser als schulfrei!*

*Meine Klasse hatte damals Glück: Wir hatten einen jungen Lehrer, der sich nicht nur für Unterrichtsmedien begeisterte, sondern der auch das Erlebnis »Tischlein deck dich« mit uns aufarbeitete. Wir durften erzählen, was wir gesehen hatten – und jeder hatte etwas anderes gesehen! Es wurden Zeichnungen angefertigt, über Wandergesellen und Arbeitsfleiß beim Meister gestaunt, zuletzt wurden die Szenen nachgespielt.*

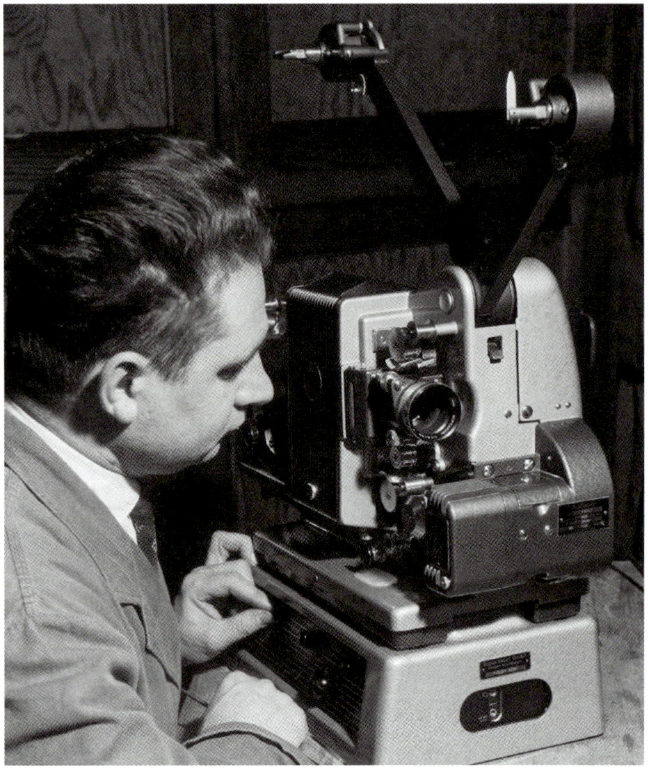

**127** Tonfilmprojektor der Firma Bauer, um 1960. Alle Bremer Schulen erhielten nach und nach Projektoren; sie wurden in der Landesbildstelle gewartet.

Bei der Kreisbildstelle – damals im Schüsselkorb 3 – konnten Lehrkräfte Filme ausleihen. 1924 war sie als eine der ersten deutschen Lichtbildzentralen von Mitgliedern des Lehrervereins gegründet worden. 1933 wurde sie von der NS-Regierung gleichgeschaltet. Aber der inhaltliche Anspruch und die kontinuierliche Arbeit von Lehrkräften um den bis 1953 tätigen Leiter Heinrich Frevert sorgten dafür, dass sich der nationalsozialistische Einfluss nur wenig auswirken konnte. Als die US-Besatzungsmacht nach dem Krieg den Bestand entnazifizierte, wurden weniger als 10 % des Angebots gesperrt. Die dann neu gegründete

»Landesbildstelle« wurde zuständig für die Medienarbeit in Bremen. Ab 1951 war sie in der Pädagogischen Hochschule an der Langen Reihe untergebracht, ab 1964 dann in der Uhlandstraße 53. Alle angehenden bremischen Lehrkräfte mussten einen »Filmschein« machen.

**128** Lotte Reinigers Scherenschnittfilm *Das tapfere Schneiderlein*, 1954.

Anfang der 1950er Jahre kam der Tonfilm in die Schulen. Der am häufigsten gezeigte Unterrichtsfilm aller Zeiten wurde »Quick das Eichhörnchen« von Heinz Sielmann, einem begnadeten Tierfilmer. Man hörte nur die Geräusche des Waldes und einige Sätze eines Försters. Alles andere erarbeiteten sich die Schüler/innen selbst. Die Aufnahmen wurden mehrfach gezeigt, und immer wieder gab es neue Entdeckungen. Klassenbücher belegen, dass der Filmeinsatz damals vor allem im Sachunterricht, in Biologie und Geografie erfolgte. Fast alle Kinder lernten mit Sielmann-Filmen wie »Zimmerleute des Waldes« alles über Spechte. Lotte Reinigers Scherenschnittfilme entführten sie in die Märchenwelt. In Geschichte war die »Eroberung einer mittelalterlichen Stadt« Spitzenreiter, in Geografie der »Erz aus Kiruna« und der »Bau eines Wolkenkratzers«. Um 1955 folgten dann erste Produktionen zu Jugendproblemen. Bei den Befragungen von Schüler/innen in den Nachkriegsjahrzehnten, was in der Schule verbessert werden müsse, nannten sie an erster Stelle »mehr Sport«, an zweiter »mehr Filme«.

*Rudi Geisler*

**129** Offene Münder während eines Unterrichtsfilms, etwa 1948.

**130** *Quick, das Eichhörnchen*, der erfolgreichste FWU-Film aller Zeiten, 1953.

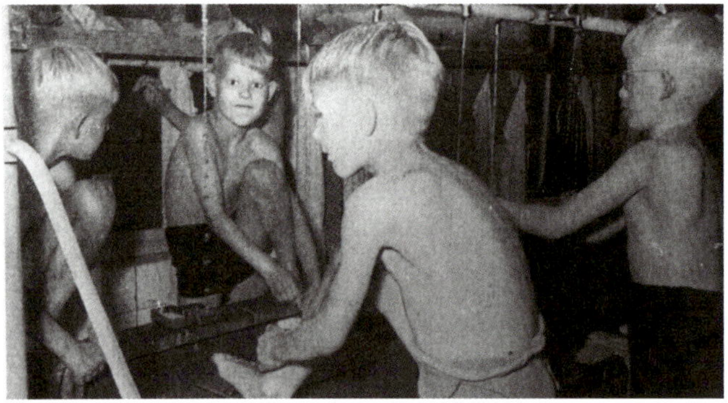

**131** Gesundheitserziehung im Landheim mit regelmäßiger Körperpflege, Cluvenhagen um 1950.

**132** Koffer mit Packliste für das Schullandheim, 1950er Jahre

**133** Berufsschüler in der Jugendherberge in Frankfurt a.M., 1956.

## *Gesetze, die wir im Landheim nötig haben*

Die ersten bremischen Schullandheime waren Gründungen der drei Versuchsschulen der Weimarer Republik. Sie wurden von Lehrer- und Elternschaft gemeinsam aufgebaut und bewirtschaftet. Bis 1933 dienten sie der sozialen Erziehung und der Gesundheit der Kinder, der Entdeckung und Erkundung von Natur und ländlichem Leben. Sie waren Orte des Spielens und des gemeinsamen Feierns.

1945 wurden die zweckentfremdeten und heruntergekommenen Landheime von Eltern, Lehrern und Schüler/innen unter den schwierigen Nachkriegsbedingungen wiederhergestellt. Nach 1950 entstanden schnell fünf weitere Schullandheime; ihre Zahl wuchs bis 1956 auf 23.

Schullandheime dienten der Erholung, dem tätigen Lernen in anderer Umgebung und vor allem der gemeinsamen Gestaltung des Zusammenlebens. Anschaulich schildert Lehrer Wildung, wie er und seine »Oberklasse« beim ersten Aufenthalt nach Kriegsende in Cluvenhagen Gesetze für das Zusammenleben im Landheim entwickelten. Zuerst wurde diskutiert, was »gesetzlich« zu regeln war. Eine Kommission von sechs Kindern schlug Gesetze vor. Nachdem die »Vorlagen« in der »Plenarsitzung« diskutiert und schließlich in drei Lesungen mehrheitlich gebilligt worden waren, setzte der »Präsident« sie in Kraft. Die meisten hielten sich dann auch an die erarbeitete Hausordnung. Die, die sie nicht beachteten, erhielten von einer »dritten Gewalt« eine sinnvolle Strafe, die der Gemeinschaft zugutekam und dem Angeklagten die Chance zur Besserung einräumte.

*Ulla M. Nitsch*

**134** Eltern fahren mit Baumaterial zur Arbeit ins Landheim Armsen, 1951.

**137** Ankunft im Schullandheim Everinghausen, 1952.

**135** Kartoffelschälen im Schullandheim Everinghausen, 1952.

**138** Bauen eines Knüppeldamms, Landheim Verdener Brunnen, 1959.

**136** Pilze bestimmen und sammeln im Landheim Armsen, um 1955.

**139** Eierlaufen im Schullandheim Dünsen, 1957.

**140** Modell der Grund- und Hauptschule Habenhausen, 1948. Das Modell wurde über den Jahreswechsel 1948/49 in der Unteren Rathaushalle in der Ausstellung »Unser Schulhaus« gezeigt. Dort wurden die Planungen für den Schulneubau einer sehr interessierten Öffentlichkeit vorgestellt.

Jörn Tore Schaper, Eberhard Syring

# *Schulen zur Entfaltung von Anlagen und Fähigkeiten*

## Bremer Schulbau in den 1950er Jahren

Am Ende des Zweiten Weltkrieges waren mehr als 70 % des Schulraums in Bremen zerstört oder schwer beschädigt. Neben der Reparatur noch brauchbarer Schulgebäude musste daher der Neubau von Schulen schnellstens in Angriff genommen werden. Zwischen 1950 und Mitte der 1960er Jahre entstanden in der Hansestadt rund fünfzig Schulneubauten. Gemeinsam ist ihnen eine klare konzeptionelle Linie sowohl in pädagogischer als auch in architektonischer Hinsicht. In Bremen hielt man sich dabei an die Devise der italienischen Reformpädagogik vom »Raum als dritten Pädagogen« – neben dem Lehrer und dem Mitschüler. Dem bewusst unter pädagogischen Prämissen gestalteten Raum wurde damit eine »menschenbildende« Wirkung zugetraut.

Anregungen suchten sich die Schulbauplaner auf verschiedenen Wegen: Inhaltlich zählte dazu die Reformpädagogik der 1920er Jahre, deren Erfahrungen die Schulreform der Nachkriegszeit wesentlich bestimmten. Zu den Förderern eines neuen Schulbaus zählte zudem die Education Division der amerikanischen Besatzungsbehörde. Schule sollte Lebensraum werden, die Schularbeit differenziert und lebenspraktisch sein und die Eigenständigkeit der Schüler/innen fördern. Dafür taugten die alten Schulgebäude nicht; beispielsweise waren neben den Klassenräumen auch Räumlichkeiten für Werkarbeit, für naturwissenschaftliche und musische Betätigung, für Versammlungen und eine Bücherei notwendig. Architektonische Vorbilder, die solche Bedürfnisse schon berücksichtigten, fanden sich in Schulbaukonzepten aus den Vereinigten Staaten und Skandinavien. Bereits in den späten 1940er Jahren gab es Exkursionen von Pädagogen und Architekten des Hochbauamtes in diese Länder. Die Bremer Schulplaner vernetzten sich mit fortschrittlich gesinnten Planern aus anderen Bundesländern zunächst auf nationaler Ebene; seit 1949 besuchten sie zudem internationale Schulbaukonferenzen. Das ambitionierte Bremer Schulbauprogramm stieß bald überregional auf Interesse und zog bis in die frühen1960er Jahre zahlreiche Architekten und Schulexperten an. Einer der wichtigsten Aktivisten in diesen Expertenkreisen und der Mentor des fortschrittlichen Schulbaus in der Hansestadt war der Bremer Oberschulrat Wilhelm Berger.

Zur Jahreswende 1947/1948 stellten die Education Division, die Schulbehörde und das Hochbauamt in der Unteren Rathaushalle mit der Ausstellung *Unser Schulhaus* erste neue Schulplanungen für Bremen öffentlich vor. Die Realisierung der Pläne dauerte dann bis Mitte der 1960er Jahre. Anstelle der früheren »Schulkasernen« entstanden großzügige und übersichtliche Schulareale. In den frühen 1950er Jahren baute man vor allem eingeschossige Klassentrakte, die im sogenannten »Kammsystem« angeordnet waren. Jede Klasse hatte einen direkten

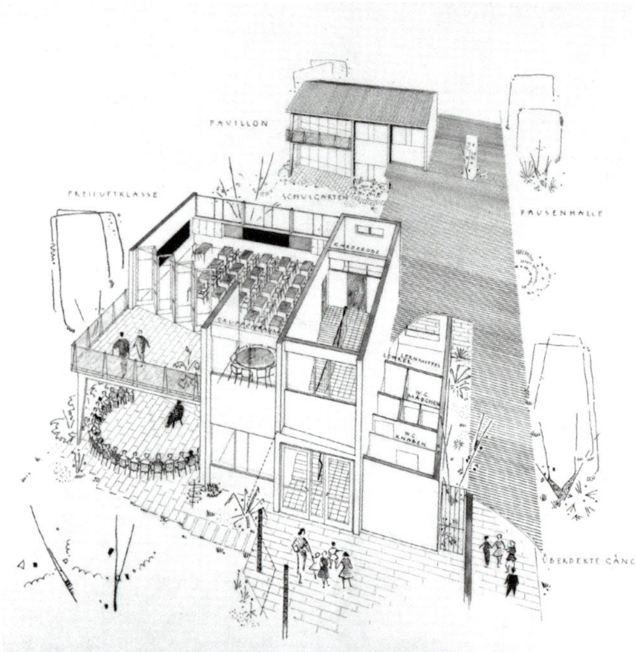

**141** Die Architektenzeichnung von Hubert Behérycz weist für jede Klasse einen Freiplatz aus, Schule Im Ellener Feld, 1959.
**142** Wandelgang, Schule Am Halmer Weg, 1957.
**143** Sternenhimmel und Weltkarte schmücken die Eingangshalle. Schule Gottfried-Menken-Straße, 1958/59.

Zugang zum Außenraum. Unterrichtet wurde, wenn das Wetter es erlaubte, auch im Freien. Ab Mitte der 1950er Jahre setzten sich in Bremen vor allem »Pavillonschulen« durch. Der Unterricht fand in meist zweigeschossigen »Pavillons« statt, die pro Etage vier Klassenräume und ein großzügiges Foyer besaßen. Die meisten Schulen dieses Typs bestanden aus drei Klassen-Pavillons und einem Gebäude, das die allgemeinen Räume aufnahm. In diesem lag auch die Pausenhalle, die zugleich Aula war und »Marktplatz« genannt wurde. Dieser Raum sollte den Mittelpunkt, das Kommunikationszentrum der Schule bilden. Er diente auch als Versammlungsort für das Quartier, in dem die Schule lag. Schul- und Stadtteilleben sollten so organisch miteinander verbunden werden.

Obwohl sich die verschiedenen Bautypen ähnelten, waren sie in der Detaillierung individuell. Dazu trug unter anderem bei, dass Künstler an der Gestaltung der Schulen beteiligt wurden. Unter dem städtebaulichen Leitbild der »gegliederten und aufgelockerten Stadt« bestimmten die Schulen sogar den Maßstab der städtischen Einheiten. Für Neubauviertel wie die Neue Vahr galt die Regel, dass die Größe der Quartiere (»Nachbarschaften« genannt) nach der Bewohnerzahl ermittelt wurde, die den Bau einer Grund- und Hauptschule erforderte. Die Neue Vahr mit ihren fünf Nachbarschaften wies folgerichtig fünf solche Schulen auf sowie ein Gymnasium im Zentrum, das den Bedarf für den ganzen Stadtteil deckte.

Auch bei den Bremer Berufsschulen war der Zerstörungsgrad enorm: Von 389 Klassenräumen vor dem Krieg war die Zahl auf 130 im Jahr 1946 gesunken, »Klassenräume«, die über elf verschiedene Standorte verteilt lagen – darunter Gaststätten, Gemeindesäle oder die Staatliche Kunstschule. Bei den Werkstätten betrug der Verlust sogar fast 100 %.

Die politischen und biografischen Umbrüche und die unsicheren Verhältnisse brachten viele Jugendliche

**144** Wilhelm Berger (1901 – 1974) auf einer Unesco-Tagung in Genf, 1957. Berger, ein ehemaliger Versuchsschullehrer, war von 1945 bis 1951 Verbindungsmann zwischen Education Division und Schulbehörde und verantwortete dann bis 1966 als Schulrat das Referat Schulbau. Mit dem Hochbauamt entwickelte er architektonische Konzepte für Schulgebäude, die sich von pädagogischen Zielstellungen ableiteten. Er vermittelte diese in zahlreichen Schriften und auf Tagungen, auch auf internationaler Ebene.

und junge Erwachsene aus der Bahn. Man befürchtete, dass viele, denen der Zugang zu einer Meisterlehre verwehrt war, in »große wirtschaftliche und sittliche Gefahr« geraten könnten. »Sie alle werden für sich und für die Gesamtheit zu größerer Zufriedenheit und zu guten Leistungen in produktiver Tätigkeit kommen können, wenn ihnen eine berufliche Schulungsmöglichkeit gegeben würde«, hieß es in einem Brief mit dem Titel »Betr. Errichtung eines Berufsbildungszentrums in Bremen«, den im Februar 1950 vermutlich Wilhelm Berger, damals Verbindungsmann der Schulbehörde zur Education Division, an Bürgermeister Wilhelm Kaisen schrieb.[1]

Darum reifte schon seit Längerem der Plan, ein zentral gelegenes Berufssbildungszentrum (BBZ) zu schaffen. Für das Vorhaben wirkte sich günstig aus, dass die amerikanischen Besatzungsbehörden 1950 unter

**145** Bremer Berufsbildungszentrum (BBZ) mit den markanten Treppentürmen, fotografiert während der *Didacta*, die 1956 im BBZ stattfand.

verschiedenen Städten in der amerikanischen Besatzungszone einen Wettbewerb ausgeschrieben hatten, durch den besonders vorbildliche Bauprojekte für die Jugend gefördert werden sollten. Ein Planungsteam aus der Bau- und der Schulbehörde nahm daraufhin die Arbeit für das Projekt auf, für das an der Doventorscontrescarpe ein idealer Standort gefunden wurde. Dem eingereichten Vorschlag wurde mit 1,9 Millionen DM die höchste Förderungssumme zugesprochen. In dem Großprojekt sollte Platz für 15.000 bis 18.000 Auszubildende entstehen. In der bremischen Öffentlichkeit war das Bauprojekt nicht unumstritten – vielen war es zu »modern«. Doch die amerikanischen Behörden wollten das Projekt entweder so, wie von den Behörden geplant, oder gar nicht fördern, denn der vorliegende Entwurf enthielt ein hervorragendes architektonisch-pädagogisches Konzept. Dessen wesentliche Punkte hatte Bremens Oberschulrat und Schulbauförderer Wilhelm Berger 1960 in seinem Buch *Schulbau von heute für morgen* zusammengefasst und mit Fotos vom BBZ illustriert. Berufsbildung sei mehr als die reine Vermittlung beruflicher Fertigkeiten und Fachwissens, heißt es dort. »Menschenbildung im weitesten Sinn« gehöre auch dazu. Gemeint war damit die Erziehung

**146** Innenraumperspektive der für das BBZ geplanten Mensa, etwa 1953.
**147** Übungskontor für zukünftige Sekretärinnen im BBZ, um 1955.
**148** Im Setzersaal des BBZ, 1954.

zu Selbstständigkeit, zu Eigenverantwortung, zu sozialer Eingliederung, zu mitbürgerlicher Verantwortungsbereitschaft und zu eigener Lebensgestaltung. Dafür habe die Schule entsprechende Gemeinschaftsräume vorzuhalten. Zu diesen gehörte auch eine zentrale Bibliothek. Und auch hier galt: Der Bücherbestand sollte sich nicht nur auf das Fachliche beschränken, vielmehr sollte sie zugleich eine echte Jugendbücherei sein. Gerade mit Blick auf die damals jüngste deutsche Vergangenheit waren solche Forderungen keineswegs selbstverständlich. Sie entsprachen aber ganz dem Konzept der Reeducation der amerikanischen Besatzungsmacht und rechtfertigten somit die hohen Subventionen durch die Vereinigten Staaten für dieses Projekt.

Auch wenn das Berufsbildungszentrum nur zu Teilen verwirklicht wurde – ab Ende der 1950er Jahre bevorzugte man wieder ein dezentrales Konzept für den Neubau von Berufsschulen –, so sind die vier realisierten Blöcke mit ihren markanten gläsernen Treppenhäusern auch heute noch wichtige Symbolbauten für den pädagogischen Aufbruch in der Hansestadt nach dem Zweiten Weltkrieg.

## *Probleme aus dem Schülerkreis zu diskutieren und über sie zu bestimmen*

Die Idee der Schülermitwirkung entstammt der reformpädagogischen Schulpraxis in den 1920er Jahren. Schüler/innen sollten alle Bereiche des Schullebens mitgestalten, Regeln für den Schulalltag entwickeln und auch für deren Einhaltung mitverantwortlich sein. Sie übernahmen organisatorische Aufgaben, beispielsweise die Ausgabe von Zeichenmaterialien in der Pause, achteten auf Ordnung im Schulgebäude oder bearbeiteten in einer »Schülergerichtsbarkeit« Konflikte. Diese ersten Versuche, das Schulleben mit der Schülerschaft zu gestalten, fanden ein Ende, als im März 1933 die drei bremischen Versuchsschulen aufgehoben und zahlreiche der reformpädagogisch arbeitenden Lehrer entlassen wurden.

Im Rahmen des demokratischen Neuaufbaus des Schulwesens in der Nachkriegszeit erlangte die Schülervertretung als ein Element der sozialpolitischen Erziehung eine besondere Bedeutung. In der Verfügung So 35/49 des Senators für Schulen und Erziehung wurden den Schulleitern »Vorschläge zur Einrichtung der Schülermitverwaltung« zur Kenntnis gegeben, die auf der Tagung des Arbeitskreises für Gemeinschaftskunde im Juli 1949 beschlossen worden waren.

Bereits in den Konferenzen im März und April 1947 an der Gerhard-Rohlfs-Schule in Vegesack wurden u.a. die Grundzüge der Selbstverwaltung der Schüler diskutiert – durchaus kontrovers. Dabei ging es um »beratende Mitwirkung bei der Gestaltung des Schullebens außerhalb des Unterrichts«, aber auch um »tätige Mitwirkung bei der Aufrechterhaltung von Hausordnungen«. Einer der ersten Einsatzbereiche für die Selbstverwaltung durch die Schüler war die Mitwirkung bei den Schülerbüchereien und der Schulspeisung. Die Schülerbüchereien mussten von nationalsozialistischem Gedankengut »gesäubert« und neue Bücher organisiert und katalogisiert werden. In Vegesack ergab sich sogar eine Verbindung mit dem Volkstheater, wodurch die Schüler vergünstigte Eintrittskarten erhalten konnten.

**149** Sitzung des Schülerrats der Oberschule Dechanatstraße im Schullandheim Dötlingen, 1950.

Die Schulverfassung der Oberschule für Jungen an der Dechanatstraße von 1949 sah verschiedene Formen der Schülervertretung vor. Hier wurde in den Klassen ein Vertrauensrat gewählt, der bei Bedarf Schülerversammlungen einberief, auf denen Anträge aus der Schülerschaft beraten und beschlossen werden konnten. Allerdings

**150** Drei Zeichnungen aus einer Bildergeschichte über die Aufgaben des Schülerrings, Schülerzeitung *Dreiklang*, Gymnasium Am Barkhof, Sept. 1952.

waren die Beschlüsse der Klassengemeinschaft von der Zustimmung des Klassenlehrers und die des Schülerrats und der Schulversammlung von der Zustimmung des Schulleiters abhängig.

Die Satzungen des Schülerrats der Oberschule für Jungen an der Hermann-Böse-Straße aus der Zeit beschreiben die Aufgaben der Selbstverwaltung durch die Schüler. Hier wird besonderes Augenmerk auf die Verbesserung des Verhältnisses zwischen Lehrern und Schülern gelegt. Weiteres Thema ist die Mitwirkung bei Verhandlungen über eine zukünftige Schulreform.

Ein Hauptanliegen der Schülermitgestaltung seitens der Bildungsbehörde scheint die Wahrung von »Recht und Ordnung« gewesen zu sein. So gab es 1952 an der Oberschule am Leibnizplatz einen Schlichtungsausschuss, wie aus dem »Grundriß der Schülermitgestaltung« hervorgeht. Dieses Gremium wurde durch den Senator für Schulen und Erziehung als besonders »vorzügliche Lösung für die sonst recht fragwürdige Schülergerichtsbarkeit« gewürdigt«.[1]

Sehr aktiv war auch der Schülerring der Oberschule für Mädchen in Bremen-Vegesack. Dort wurde in einem Protokoll vom 29. Oktober 1952 betont, dass der Schülerring das Recht haben sollte, »Probleme über Schulangelegenheiten zu diskutieren und über sie zu bestimmen, wenn diese aus dem Schülerkreis vorgebracht werden«. Außerdem gab es bereits konkrete Forderungen zu außerschulischen Aktivitäten, wie z.B. vergünstigte Eintrittskarten für Kulturveranstaltungen, regelmäßige Wandertage und Aufenthalte in Jugendherbergen.[2]

*Brigitta Nimz*

## *Schüler wissen was es heißt, Schulbedarf von Fräulein Kleist*

Thomas, Jg. 1944, berichtet: *Werbung wie diese für den Schreibwarenladen gleich neben dem Schultor unterstützte die Schulzeitung des Gymnasiums Hamburger Straße: »AUF EIN WORT« Ein Heft kostete zuerst 30, später 50 Pfennige – für das Geld kam man auch ins Kino. Da der Verkauf die Kosten nicht deckte, brauchten wir dringend Anzeigen von Geschäften, der Sparkasse Bremen oder auch der Bundeswehr.*

*Unsere Schulzeitung erschien von 1955 an für ungefähr 15 Jahre. Sie wurde von etwa zehn Schülern produziert. Ich gehörte der Redaktion mehr als zwei Jahre an. Wir brachten pro Jahr meistens vier Nummern mit 16 bis 20 Seiten im DIN-A4-Format heraus. Sie enthielten Artikel zu unterschiedlichsten Themen: Beschrieben wurden ein Besuch in Berlin oder bei der Marine in Wilhelmshaven im Dezember 1957. Der Bericht darüber »Mehr erleben – Meer erleben« endete mit der Einladung: »Sagt den anderen, dass sie hier willkommen sind.« Abiturreden waren abgedruckt, die Abiturienten zeigten sich mit Namen und Fotos. Auch Veränderungen im Kollegium waren erwähnenswert – »Turnlehrer Meier geht an die PH – ein Nachruf«. Der noch jungen Schülermitwirkung widmete sich der Beitrag »Woran krankt der Schülerring?«. Humorig getönte Kritik am Schulalltag las man in der ständigen Kolumne »Lieber Archibald!«.*

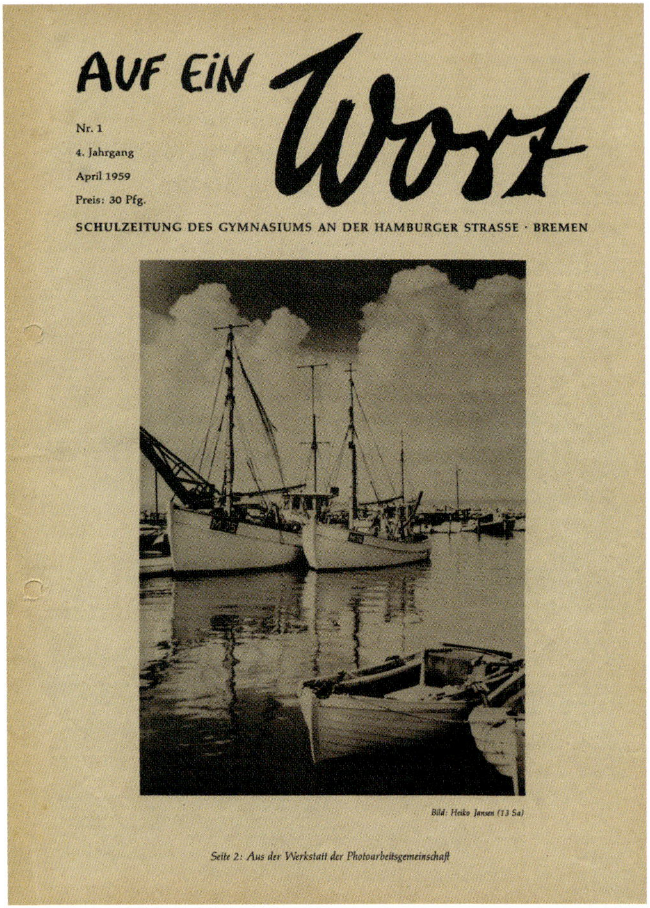
AUF EIN Wort

Nr. 1
4. Jahrgang
April 1959
Preis: 30 Pfg.

SCHULZEITUNG DES GYMNASIUMS AN DER HAMBURGER STRASSE · BREMEN

Bild: Heiko Jansen (13 Sa)

Seite 2: Aus der Werkstatt der Photoarbeitsgemeinschaft

*Zum Redaktionsschluss lieferten die Redakteure ihre Texte ab, teils handschriftlich, teils schon mit Schreibmaschine geschrieben. Wenn die Druckfahnen da waren, ging es an das endgültige Layout. Auf dem Lichtkasten wurden in etwa acht Stunden Texte, Fotos und Zeichnungen zusammenmontiert. Das war mühsam. Gedruckt wurde die Zeitung dann im Offset-Verfahren von der Druckerei »Offset Hansa«, die heute noch existiert. Die Mitarbeit an der Schülerzeitung spielte bei der Berufswahl mancher Redakteure mit: So wurde unser Kolumnist später Protokollchef der Bremer Landesregierung. Der Redakteur, der viele Karikaturen anfertigte, kehrte als Kunstlehrer an seine Schule zurück. Unser Chefredakteur ging zu Radio Bremen in die Redaktion von »drei nach neun«.*

**151** Schülerzeitung des Gymnasiums Hamburger Straße *Auf ein Wort*, Nr. 1, April 1959. Anders als an anderen Bremer Schulen gab es hier keine Zensur von Artikeln.
**152** Thomas, Jg. 1944, überlegte, wegen der Veröffentlichung seiner Fotos und Texte in *Auf ein Wort* in die Werbebranche zu gehen.
**153** Thomas' Foto des Chemiesaals, Gymnasium an der Hamburger Straße, ca. 1958.
**154** Werbeanzeigen finanzierten den Druck der Schulzeitung. Besonders viel Geld brachten die großen Anzeigen der Bundeswehr.

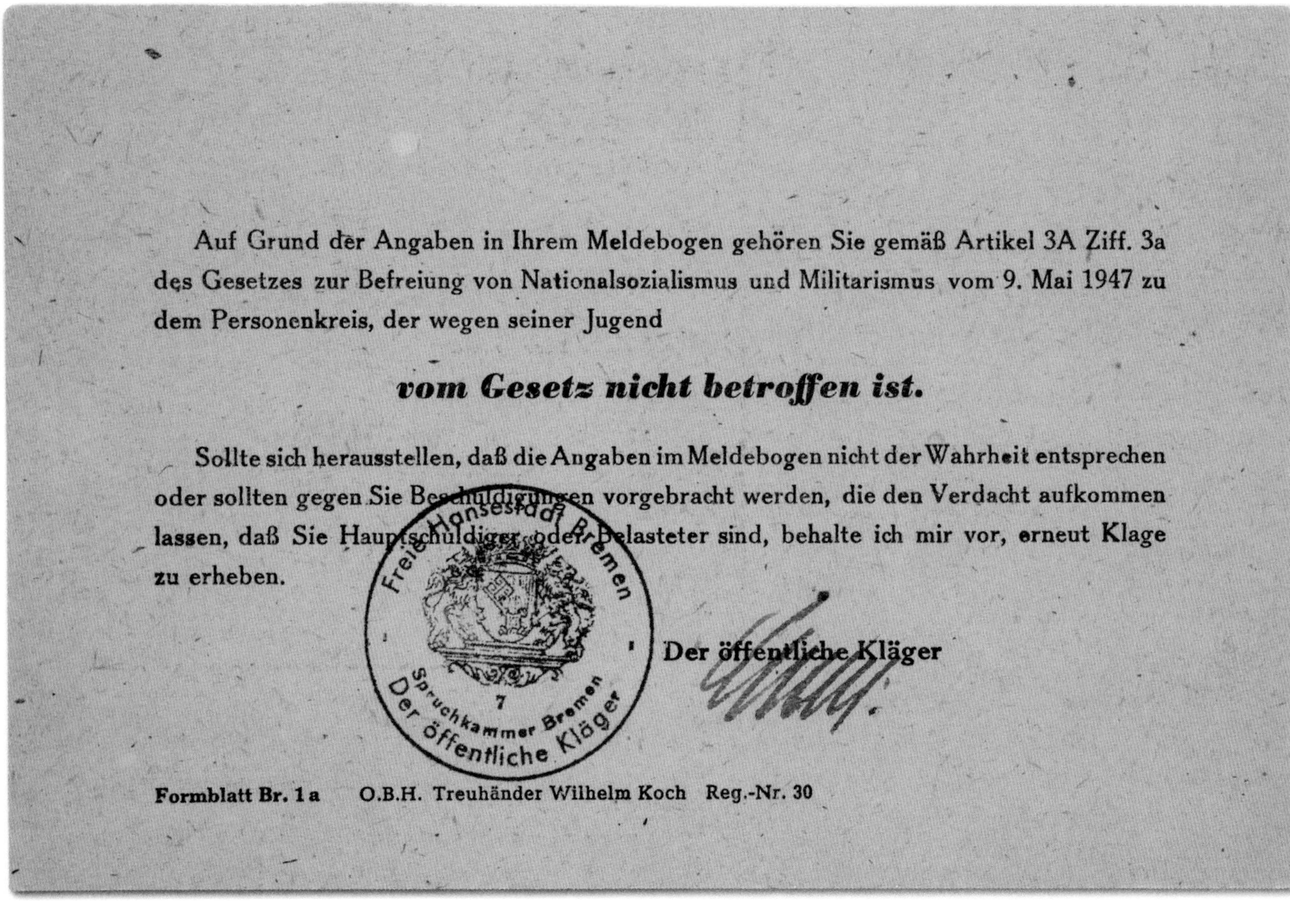

Auf Grund der Angaben in Ihrem Meldebogen gehören Sie gemäß Artikel 3A Ziff. 3a des Gesetzes zur Befreiung von Nationalsozialismus und Militarismus vom 9. Mai 1947 zu dem Personenkreis, der wegen seiner Jugend

**vom Gesetz nicht betroffen ist.**

Sollte sich herausstellen, daß die Angaben im Meldebogen nicht der Wahrheit entsprechen oder sollten gegen Sie Beschuldigungen vorgebracht werden, die den Verdacht aufkommen lassen, daß Sie Hauptschuldiger oder Belasteter sind, behalte ich mir vor, erneut Klage zu erheben.

Freie Hansestadt Bremen
Spruchkammer Bremen 7
Der öffentliche Kläger

Der öffentliche Kläger

**Formblatt Br. 1a** O.B.H. Treuhänder Wilhelm Koch Reg.-Nr. 30

**155** Unbedenklichkeitsbescheinigung einer Bremischen Spruchkammer, 1947. Jugendliche und junge Erwachsene ab Jahrgang 1920 zählten, sofern sie nicht eindeutig zur Gruppe der Hauptschuldigen oder Belasteten gehörten, wegen ihrer Jugend oder Unreife automatisch zu den als »minderbelastet« eingestuften Personen. Wie die als »Mitläufer« eingestuften Personen hatten sie – mit einer »Bewährungsfrist« von 2 Jahren – keine Strafe zu erwarten. Aufgrund dieser »Jugendamnestie« wurden in Bremen 49.713 Personen entlastet.

Ulli Sittermann

# *Das ist überhaupt kein Thema in der Schule gewesen*

## Entnazifizierung und das Schweigen zur NS-Vergangenheit an Bremer Schulen

Über 60 Zeitzeugen/innen haben in den letzten drei Jahren dem Bremer Schulmuseum in Interviews von ihren Erinnerungen an die Zeit nach 1945 erzählt. Darin berichteten sie auch darüber, wie sie Schule und Unterricht in dieser Zeit erlebt haben und was sie über die Lehrkräfte dachten. Wie haben sie als Kinder und Jugendliche den Umgang der Erwachsenen mit den erst kurz zurückliegenden Kriegsschrecken und der NS-Diktatur erlebt?

Die nachfolgend skizzierten Eindrücke und Erinnerungen sind zwar nicht repräsentativ, entsprechen aber in ihrer Hauptaussage – einer in weiten Teilen verfehlten Entnazifizierung – dem aktuellen Stand der Forschung zur (Alltags-)Geschichte der westdeutschen Nachkriegszeit.

Die Zeitzeugin Sigrid, Jg. 1942, erinnert sich an ihre Schulzeit: *Lehrer waren für uns absolute Respektpersonen, und sie waren nicht dafür geeignet, wenn man ›etwas auf dem Herzen hatte‹. Persönliche Erlebnisse oder Gefühle hatten in der Schule keinen Platz. Man traute sich ja nicht mal, etwas nachzufragen. Vorrang hatte das formale Lernen, immer wieder Auswendiglernen und Abschreiben von der Tafel bis zum Geht-nicht-mehr. Ich glaube, das war die Quelle für meinen späteren Wissensdrang.* Kurt, Jg. 1947, stellt in seinem Rückblick fest: *Lehrer waren meistens herrisch, menschlich gesehen waren sie katastrophal. Ich habe Schule wie eine Kaserne empfunden, denn so war ja in vielen Situationen der Umgangston.* Ähnliche Erfahrungen haben sich in die Erinnerungen von Horst, Jg. 1947, eingebrannt. *In der Schule sind wir von den meisten Lehrern auf Disziplin getrimmt worden, auf Pünktlichkeit, auch auf persönliche Zurückhaltung, ja Unterordnung. Es waren die alten Prinzipien von Befehl und Gehorsam, der Lehrer ordnete an, wir hatten zu folgen. Heute weiß ich, was gefehlt hat, dass nämlich Eigeninitiative und Kreativität überhaupt nicht gefragt waren.*

Das Ehepaar Erika und Hans, Jg. 1931 und 1927, berichtet, trotz des unvorstellbaren Mangels, des Hungers und der wohnlichen Enge sei das vorherrschende Lebensgefühl gewesen, *Hauptsache, wir haben den Krieg heil überstanden*. Im Schulalltag aber habe es auch ein anderes bestimmendes Gefühl gegeben, nämlich unter vielen Mitschüler/innen die schlichte Angst vor vielen Lehrern beiderlei Geschlechts, vor ihren Beleidigungen, dem Prügeln und Strafarbeiten. Aber es habe auch Ausnahmen gegeben, z.B. Lehrerinnen, die für Interessierte bei sich zu Hause Lesezirkel angeboten haben, um über klassische Literatur Vorbilder der Menschlichkeit zu vermitteln. Auch Theaterspielen in der Schule und Fahrten in Schullandheime gehörten zu den wenigen positiven Erlebnissen, die sie aus ihrer Schulzeit mitgenommen haben.

Die Anwendung körperlicher Züchtigung, nicht nur bei Jungen, wird von einer Mehrzahl der Interviewpartner/

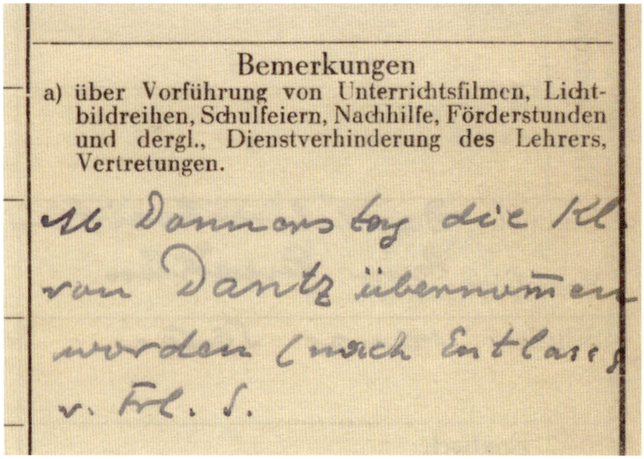

Bemerkungen
a) über Vorführung von Unterrichtsfilmen, Lichtbildreihen, Schulfeiern, Nachhilfe, Förderstunden und dergl., Dienstverhinderung des Lehrers, Vertretungen.

Ab Donnerstag die Kl. von Dantz übernommen worden (nach Entlass. v. Frl. S.

**156** Klassenbuch der Kl. 2, Schule an der Helgolander Straße, Herbst 1945. Lehrer Carl Dantz übernahm die Klasse, weil das belastete Frl. S. entlassen wurde.

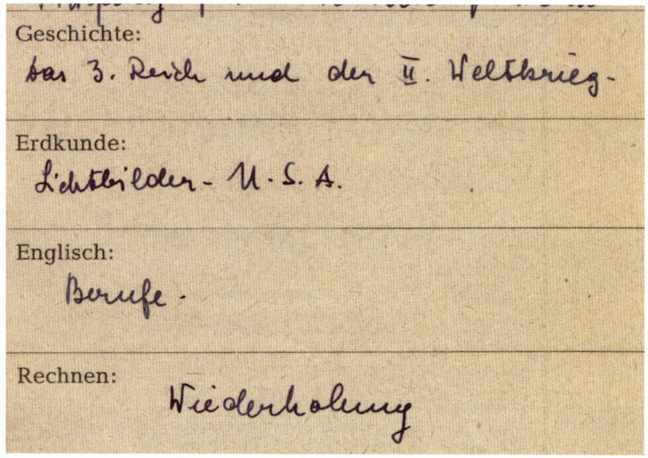

Geschichte: Das 3. Reich und der II. Weltkrieg.

Erdkunde: Lichtbilder – U.S.A.

Englisch: Berufe.

Rechnen: Wiederholung

**157** Klassenbucheintrag, Kl. 8, Schule Auf der Hohwisch, 12.–17. März 1956. Vor der Schulentlassung am 17. März wurde in einer Stunde »Das 3. Reich und der II. Weltkrieg« durchgenommen.

innen immer wieder herausgestellt und ebenso die bloßstellenden, tief verletzenden Herabwürdigungen, die oft an der Tagesordnung gewesen seien.

Dies bestätigt auch Angela, Jg. 1939. Sie habe am Gymnasium an der Kleinen Helle fast durchgängig sehr autoritäre Lehrkräfte erlebt: *Sie haben uns von oben herab behandelt, ständig zurechtgewiesen, persönliche Beleidigungen ausgesprochen, uns vor anderen fertiggemacht.* Unter den Schülerinnen und Schülern habe es oft geheißen: *Kleine Helle – Große Hölle.* Danach gefragt, ob und wie denn eine Orientierung auf die Demokratie erfolgt sei, antwortete sie, dass dieses im Unterrichtsalltag keine Rolle gespielt habe. Was es mit der Demokratie auf sich habe, habe sie erstmals richtig wahrgenommen, als Wahlen zur Bremischen Bürgerschaft anstanden.

Bezüglich Reeducation und Demokratisierung habe eine *äußerst resistente Haltung* bei den Lehrkräften geherrscht, so Reinhard, Jg. 1929, der das Alte Gymnasium besuchte. Auch die Zeitzeugin Christa, Jg. 1942, erinnert sich, dass Demokratieerziehung in ihrer Schulzeit kein Thema gewesen sei. Insgesamt habe sie die Schulzeit als äußerst spießig empfunden und ein starkes Obrigkeitsdenken wahrgenommen. Walter, Jg. 1938, hebt den Lehrermangel wegen sehr voller Klassen hervor, ebenso den dominanten Frontalunterricht. Erstmals in den 1950er Jahren hätten junge, neu ausgebildete Lehrer modernere Unterrichtsmethoden eingebracht. Später in der Berufsschule habe er dann das erste Mal das Gefühl gehabt, wie ein Erwachsener behandelt zu werden. Dagegen habe er an seine Lehrzeit auf der Vulkan-Werft nur unangenehme und deprimierende Erinnerungen, denn da sei er wie die übrigen Lehrlinge in äußerst barschem Kommandoton und *wie ein Mensch zweiter Klasse* behandelt worden.

Über Krieg, NS-Diktatur und Entnazifizierung herrschte in Schule und Elternhaus weitgehend Schweigen. Die Zeitzeugin Sigrid, Jg. 1942, erinnert sich an ihre Schulzeit: *Über den Krieg und die Nazizeit wurde nicht gesprochen,*

**158** CDU-Plakat, Wahlkampf vor der zweiten Bürgerschaftswahl, September 1947. Kritisiert wird eine Maßnahme der Denazification Division und der deutschen Polizei, die zur Ermittlung von NS-Tätern im September sämtliche Negative der Fotogeschäfte beschlagnahmt hatten.

*das habe ich während meiner gesamten Schulzeit nicht erlebt. Auch über die Entnazifizierung habe ich nichts Reelles mitbekommen. Später wollte ich dann alles über die Nazizeit wissen.* Kurt, Jg. 1947, stellt in seinem Rückblick fest: *Dazu kann ich nichts Konkretes berichten, nur so viel, dass wir nichts über Krieg und Nazi-Zeit erfahren haben, weder im Geschichtsunterricht noch in dem Fach Gemeinschaftskunde. Auch zu Hause ist darüber nicht gesprochen worden. Nur manchmal haben wir als Jugendliche untereinander darüber gesprochen, aber eher ziemlich unsicher, weil wir nichts Genaues wussten.* Reinhard, Jg. 1929, hat als einer von wenigen Zeitzeugen am Alten Gymnasium erlebt, dass auf Anordnung der amerikanischen Militärregierung hoch belastete NS-Aktivisten aus der Lehrerschaft entlassen und interniert worden sind: *Der frühere Direktor und drei weitere Lehrer sind gleich 1945 im Zuge der Entnazifizierung aus der Schule entfernt worden. Das ist aber überhaupt kein Thema in der Schule gewesen, ich habe das erst zu Hause erfahren, was mit denen geschehen ist.* Das Thema Nationalsozialismus sei während seiner Gymnasialzeit nie angesprochen worden.

Dass eine Lehrerin im Zusammenhang mit der Entnazifizierung aus der Schule verschwunden ist, bestätigt auch Angela, Jg. 1939. Aber auch dort sei darüber nicht gesprochen worden. Auf die Frage nach konkreten Unterrichtserfahrungen am Gymnasium an der Kleinen Helle z.B. in Geschichte hebt sie eine prägende Erinnerung hervor: *Geschichte ist bis 1918 unterrichtet worden, danach hörte Geschichte auf. Zu Hitler? Stillschweigen. Bis zum Abi ist die NS-Zeit bei uns nie thematisiert worden. Nur zu Hause, da war das anders.* Sie habe daran ein außerordentliches Interesse gehabt, denn ihr Vater sei 1934 wegen »Hochverrats« von den Nationalsozialisten verurteilt und viele Jahre inhaftiert worden. In den 1940er Jahren sei er dann zur Zwangsarbeit in der NS-Organisation Todt vor allem am »Westwall« gegen die Invasion der Alliierten eingesetzt worden. Zum Glück habe er überlebt. Nach dem Krieg habe er mehrfach Anträge auf Entschädigung wegen erlittenen Unrechts gestellt, doch vergebens – er habe nie eine Entschädigung erhalten, was ihn und die Familie sehr bedrückt habe. Christa, Jg. 1942, erinnert sich, dass erst in höheren Klassen von wenigen Lehrern über die NS-Zeit gesprochen worden sei; es müsse gegen Ende der 1950er Jahre gewesen sein. Dabei habe das Tagebuch der Anne Frank eine große Rolle gespielt, und erstmals sei auch die Verfolgung und Ermordung der deutschen Mitbürger jüdischen Glaubens behandelt worden. Walter, Jg. 1938, bestätigt dies. Auch in seiner Schulzeit habe der Geschichtsunterricht 1918 geendet, und erst in der Berufsschule Ende der 1950er Jahre habe er erlebt, dass einmal die Judenverfolgung durch die Nationalsozialisten ein Thema gewesen sei.

Wegen früherer Führungsfunktionen in der HJ sollte der Zeitzeuge Siegfried, Jg. 1926, im Zuge der eingeleiteten Entnazifizierungsverfahren 1946 das gerade neu eingerichtete Lehrerseminar sofort verlassen. Doch er erhielt von mehreren »Unterstützern« Entlastungsschreiben, sodass er tatsächlich Lehrer werden konnte. Zwar sei während der Lehrerausbildung und noch später unter Kollegen in der Schule die NS-Zeit kein Thema gewesen, aber er selbst habe ein immer stärkeres Interesse an diesem Thema entwickelt. Ende der 1950er Jahre habe er eine schulische Ausstellung über den Holocaust mitorganisiert und danach der Aufarbeitung der NS-Diktatur und ihren Ursachen noch größere Aufmerksamkeit gewidmet.

Zwar sind das »Recht auf Menschlichkeit« und die vorrangige »Fürsorge für die Jugend« in die Bremer Landesverfassung von 1947 geschrieben worden, und das Grundgesetz von 1949 erklärt in Artikel 1: »Die Würde des Menschen ist unantastbar.« Die damalige Realität aber spiegelt etwas anderes wider: eine häufig in Elternhaus *und* Schule herabwürdigende Behandlung anstelle von Zuwendung, Liebe, Trost und Fürsorge, deren gerade diese Kinder bedurft hätten. Zahlreiche Aussagen von Zeitzeug/innen bestätigen, dass weder die sozialen Umstände der Nachkriegszeit noch die Trauer wegen des

**159** Insassen des Internierungslagers Riespott für NS-Belastete, 1946.

Verlustes der Väter oder Mütter kaum jemals im pädagogischen Alltag kindgerechte Berücksichtigung gefunden haben. Im Gegenteil verletzten verbale und körperliche Strafen die Würde der Kinder und Jugendlichen noch zusätzlich. In drastischer Weise bringt Karl, Jg. 1938, das zum Ausdruck: *Die ganze Schule stank nach Selbstgefälligkeit, autoritärem Verhalten und Sadismus. Und es roch wirklich in diesem Schulgebäude, ein eigenartiger Geruch, wenn nicht gar Gestank, eine Mischung aus Bohnerwachs und Angstschweiß.* Ohne Zweifel – seelischer Schmerz war damals eine weitgehend unbekannte Kategorie. Weder die Eltern, in erster Linie die (Soldaten-) Väter, noch die Mehrzahl der Lehrkräfte zweifelten an der Rechtmäßigkeit und Erziehungswirkung körperlicher Züchtigung. Sie hielten das Prügeln und andere Formen der Misshandlung von Kindern für ein ihnen zustehendes Gewohnheitsrecht. Es dauerte noch Jahrzehnte, bis sich gesellschaftlich die Einsicht durchsetzte, dass die Würde der Kinder und ihr Recht auf eine gewaltfreie Erziehung rechtlich zu schützen seien: Erst gegen Ende der 1960er Jahre verbot Bremen die körperliche Züchtigung in Schulen, und erst im November 2000 wurde

**160** Trümmerräumen, Schule Waller Ring, Juli 1946. Solche Einsätze waren auch eine erzieherische Konfrontation mit den Folgen des NS-Regimes.

ein »Gesetz zur Ächtung der Gewalt in der Erziehung« (§ 1631 II BGB) beschlossen.

Wie im Unterricht wurde auch in den Familien über die Geschehnisse der unmittelbar zurückliegenden NS-Diktatur und des Krieges kaum gesprochen. Wenn Kinder und Jugendliche aus gegebenem Anlass nachfragten, warum der Vater oder der Lehrer abgeholt, interniert oder entlassen worden sei, dann hieß es oft: »Das geht dich nichts an.« Selbst wenn die Frage berechtigt erscheint, ob diese Kinder die Wahrheit über Verstrickung und Täterschaft vor allem ihrer Väter bei NS-Verbrechen verkraftet hätten, so muss doch auch gefragt werden, wie sich das Nichtbeantworten und das notorische Verschweigen auf lange Sicht auf sie auswirkte. Es beginnt mit dem lauernd unguten Gefühl vieler Nachkriegskinder, dass da in ihren Familien bei den Vätern »etwas faul« ist, dass da »etwas nicht stimmt« – mit oft jahrzehntelanger psychischer Nachwirkung. Es setzt sich fort in dem wachsenden Misstrauen gegenüber Eltern und Lehrern, die so beharrlich das Thema »Nationalsozialismus« tabuisierten. Es geht über in aufgestaute Fragen, warum zunächst hunderte als Schuldige und Belastete angeklagte NS-Täter solch milde Strafen erhielten und alsbald fast vollzählig wieder in ihre früheren Funktionen zurückkehren konnten – als »honorige Bürger dieses Landes« und auch als Pädagog/innen. Einige aus der Generation der Kriegs- und Nachkriegskinder suchten sich schließlich selbstständig Antworten auf ihre Fragen. Sie bezahlten dafür nicht selten mit einem lange Zeit entfremdeten Verhältnis zu ihren Eltern, das in einem Leitsatz der 1968er »Trau keinem über dreißig« treffend zusammengefasst ist.

So schmerzlich das hier angesprochene Kapitel der westdeutschen und bremischen Nachkriegsgeschichte ist, gab es hierzu auch Gegenbewegungen: Bei Wiederaufnahme des Schulunterrichts im Herbst 1945 waren zahlreiche Reformpädagog/innen wieder eingestellt worden, die 1933 von den Nationalsozialisten entlassen worden waren. Trotz massiver Präsenz der »alten Herrschaften«, wie es ein Zeitzeuge ausdrückte, begannen sie einen anderen pädagogischen Weg einzuschlagen und begegneten den ihnen anvertrauten Schüler/innen mit Vertrauen und menschlicher Zuwendung, Trost und Ermutigung. Aber ebenso wie die in Kurzlehrgängen ab 1946 neu ausgebildeten, einem demokratischen Schulsystem verpflichteten Lehrkräfte blieben sie in der Minderheit und hatten offenbar besonders in den höheren Schulen und in den Berufsschulen wenig Einfluss.

Es ist eine historisch bewiesene Tatsache, dass die damals beamteten Lehrer/innen – neben Justiz- und Finanzbeamten – besonders NS-belastet waren. Dies zeigt die Forschungsarbeit von Hans Hesse unter dem Titel »Konstruktionen der Unschuld« (2006) zur Entnazifizierung in Bremen und Bremerhaven, die sich auf die vollständigen Personalakten der Lehrkräfte einschließlich der darin enthaltenen Entnazifizierungsunterlagen in Staats- und Stadtarchiv stützt. Auf einige seiner Befunde soll hier Bezug genommen werden. Die Anzahl der beamteten Lehrkräfte an bremischen Schulen mit Datum vom 1. April 1945 betrug 1410. Bis zum 31. März 1946 waren 783 aus politischen Gründen von der US-Militärregierung entlassen worden. Nach diesem ersten Akt gezielter Entnazifizierung gerade im Schulwesen wurde das weitere Verfahren in die Hände bremischer Behörden gelegt. Trotz Wahrung der »Letztkontrolle« durch die Alliierten begann sich die Praxis zu verändern. Als im August 1948 der Senat eine Stellungnahme zum Stand der Entnazifizierungsverfahren und eine Aufstellung aller entlassenen Beamten abgeben sollte, ergab sich für das Schulwesen ein verblüffendes Ergebnis: Von inzwischen 1200 seit Mai 1945 entlassenen Lehrkräften waren tatsächlich nur rund 400 nicht beschäftigt, da sie Widerspruchsverfahren gegen ihre Entlassung vor den Spruchkammern zur Entnazifizierung beantragt hatten. Was aber war mit den rund 800 weiteren Lehrkräften? Sie waren im Dienst belassen oder nach vorübergehender Entlassung sogar wiederbeschäftigt worden. Das war aufgrund der Gesetzeslage zur Entnazifizierung illegal. Zwar erhob die US-Militärregierung Anfang 1949 den schwerwiegenden Vorwurf, dass die bremischen Schulen – und die Verwaltung insgesamt – »renazifiziert« würden, doch das änderte wenig an der politischen Haltung des Bremer Senats. Er wiederholte seine Rechtfertigung, dass ohne diese »unersetzlichen« Beamten Schulen und Verwaltung zusammenbrechen würden. Er hatte allerdings nichts unternommen, um aus der Vielzahl der Unbelasteten genügend Nachwuchskräfte heranzuziehen. Dies kam auch den Richtern in den Spruchkammern entgegen, die in ihren Urteilen eine unbeschreibliche Milde selbst gegenüber hauptbelasteten NS-Tätern walten ließen. Erst recht halfen den von Rechtsanwälten unterstützten Netzwerken der NS-Belasteten, die sich gegenseitig stützten und Leumundszeugnisse ausstellten – »Persilscheine« zum Reinwaschen. Auf diesem Wege konnten sie ihre Unschuld konstruieren und jedwede Schuld und Verantwortung für die NS-Diktatur und deren Folgen wie Völkermord und weitere Menschheitsverbrechen erfolgreich abstreiten. Im Verlauf der Entnazifizierungsverfahren wurde der Begriff »NS-Schuld und Täterschaft« umdefiniert, sodass politische Verantwortung oder der NS-Rassismus nicht mehr dazugehörten. Die Täter verklärten sich in den Verfahren zu Opfern des Systems, die Praxis rehabilitierte nach und nach die Betroffenen, und diese glaubten am Ende selbst daran, ohne Schuld zu sein.

**161** Leseheft zum Holocaust, 1959. Die Auseinandersetzung mit NS-Verbrechen setzte erst gegen Ende der 1950er Jahre ein. Dass die älteren Schüler/innen daran interessiert waren, lässt sich an Beiträgen und Diskussionen in verschiedenen Schülerzeitungen ablesen.

1951 wurde dann der Weg freigemacht, die NS-Hauptbelasteten und die Belasteten pauschal gnadenweise zu »Mitläufern« herabzustufen und damit die gesamte vorherige Entnazifizierung zu liquidieren.

**162** Karikatur von Wolfgang Hicks (1909–1983), 1958, abgedruckt in vielen Bremer Schülerzeitungen.

Im Ergebnis waren – laut Betroffenendatei im Staatsarchiv – unter den umgestuften »Mitläufern« allein 763 Lehrerinnen und Lehrer, die Mehrheit aus Gymnasien und Berufsschulen.

An den Bremer Schulen unterrichteten also Hunderte von Lehrkräften, die NS-Propagandisten und Funktionsträger in mehreren NS-Organisationen waren, die Rassenbiologie unterrichtet und blinde Gefolgschaft verlangt hatten. Kann es sein, dass diese Lehrerinnen und Lehrer in solch kurzer Zeit der NS-Ideologie und (Mit-)Täterschaft abgeschworen hatten? Oder ist es nicht vielmehr so, dass deren bewusste frühere Entscheidung für den Nationalsozialismus sich in ihrer autoritären Haltung gegenüber Kindern und Jugendlichen auch nach 1945 offenbarte? Die naheliegende Schlussfolgerung aus den Zeitzeugenberichten ist, dass einem Großteil der damaligen Erwachsenengeneration der Vorwurf des grundlegenden Versagens, auch und gerade im Hinblick auf einen fürsorglichen Umgang mit den ihnen anvertrauten Kindern und Jugendlichen und für die Entwicklung von Demokratie nicht erspart werden kann. Es wurde den Kriegs- und Nachkriegskindern kaum gestattet, sich Autoritäten zu entziehen, an bestehenden Verhältnissen auch nur leise zu zweifeln oder gar Widerspruch einzulegen, beispielsweise gegen Gewaltanwendung als Erziehungsprinzip. Vorbilder für demokratisches Verhalten gab es nur wenige, eine Erziehung zu Mündigkeit und zu eigenständigem Denken war, obwohl doch in der Landesverfassung gefordert, in Bremens Schulen eher selten. Allerdings betonten viele der befragten Zeitzeug/innen, dass das radikale Verschweigen der NS-Verbrechen bei ihnen Wissensdrang und Neugier geweckt habe, sodass sie sich später selbstständig mit den historischen Geschehnissen auseinandersetzten. Und darin liegt in der Düsternis der Erinnerungen an die ersten Jahre der westdeutschen Demokratie ein Lichtblick: Es gab schließlich ein Ende des Verschweigens und einen gesellschaftlichen und politischen Willen zur Aufdeckung all der erkennbar gewordenen Schuld und Mittäterschaft von Millionen.

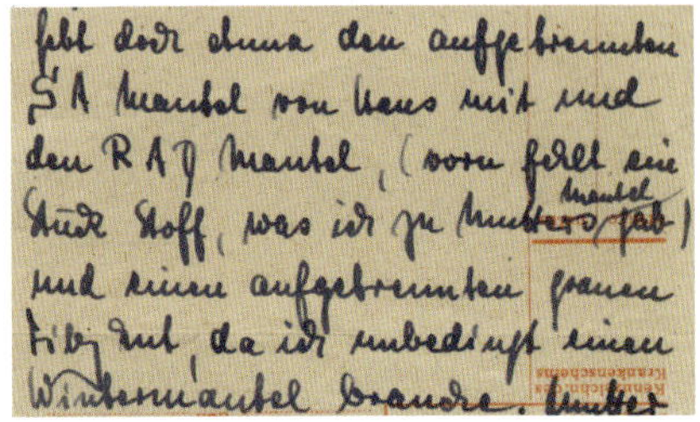

gebt doch bitte den aufgetrennten
SA Mantel von Hans mit und
den RAD Mantel, (vorn fehlt ein
Stück Stoff, was ich zu Mantel hab)
und einen aufgetrennten grauen
Filzhut, da ich unbedingt einen
Wintermantel brauche. Mutter

**163** Brief mit Bitte um Zusendung von SA- und RAD-Mänteln, 1945/46. Offenbar wurden keineswegs alle Uniformen aus der NS-Zeit vernichtet. Sie verwandelten sich in warme Kleidung, die in den harten Wintern 1945/46 und 1946/47 dringend benötigt wurde.

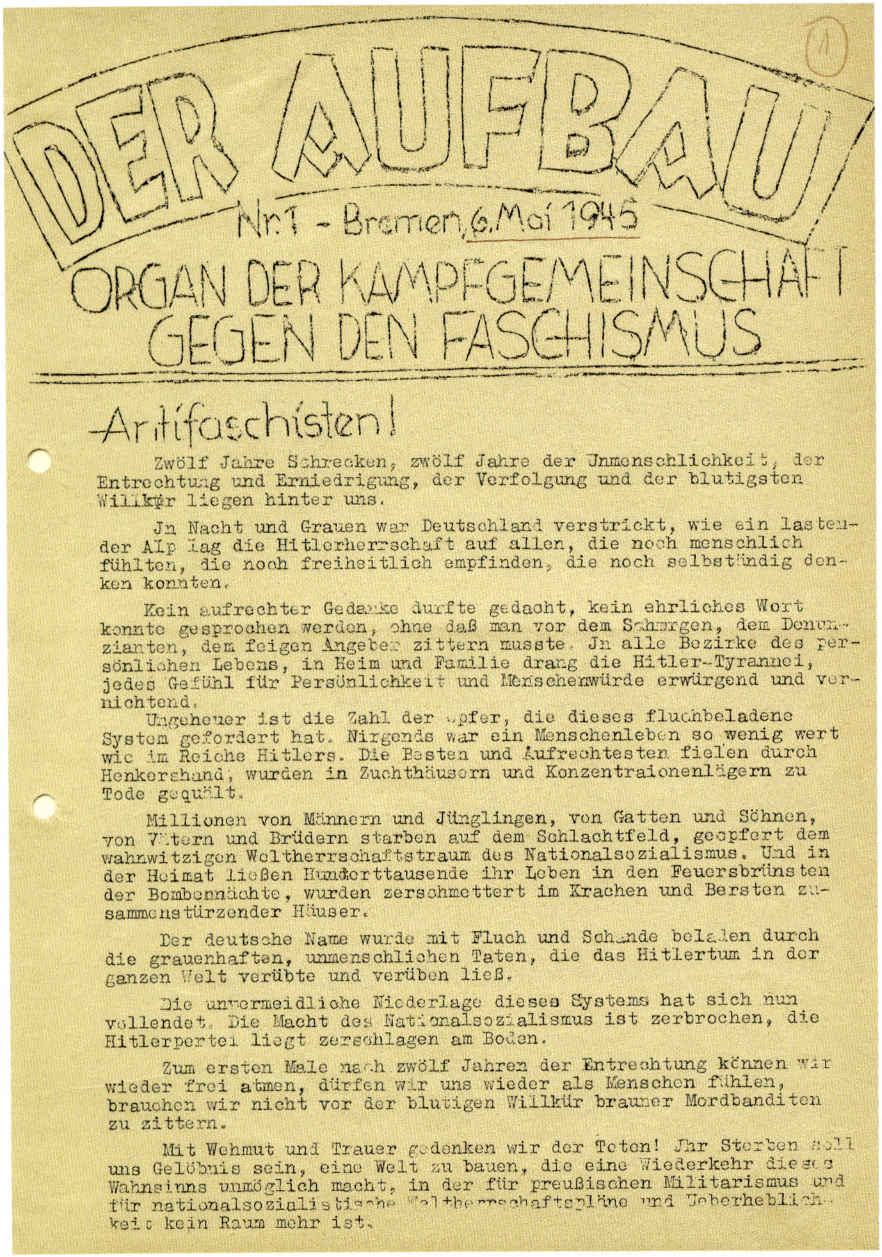

# DER AUFBAU

Nr. 1 – Bremen, 6. Mai 1945

## ORGAN DER KAMPFGEMEINSCHAFT GEGEN DEN FASCHISMUS

(1)

### Antifaschisten!

Zwölf Jahre Schrecken, zwölf Jahre der Unmenschlichkeit, der Entrechtung und Erniedrigung, der Verfolgung und der blutigsten Willkür liegen hinter uns.

In Nacht und Grauen war Deutschland verstrickt, wie ein lastender Alp lag die Hitlerherrschaft auf allen, die noch menschlich fühlten, die noch freiheitlich empfinden, die noch selbständig denken konnten.

Kein aufrechter Gedanke durfte gedacht, kein ehrliches Wort konnte gesprochen werden, ohne daß man vor dem Schergen, dem Denunzianten, dem feigen Angeber zittern musste. In alle Bezirke des persönlichen Lebens, in Heim und Familie drang die Hitler-Tyrannei, jedes Gefühl für Persönlichkeit und Menschenwürde erwürgend und vernichtend.

Ungeheuer ist die Zahl der Opfer, die dieses fluchbeladene System gefordert hat. Nirgends war ein Menschenleben so wenig wert wie im Reiche Hitlers. Die Besten und Aufrechtesten fielen durch Henkershand, wurden in Zuchthäusern und Konzentraionenlägern zu Tode gequält.

Millionen von Männern und Jünglingen, von Gatten und Söhnen, von Vätern und Brüdern starben auf dem Schlachtfeld, geopfert dem wahnwitzigen Weltherrschaftstraum des Nationalsozialismus. Und in der Heimat ließen Hunderttausende ihr Leben in den Feuersbrünsten der Bombennächte, wurden zerschmettert im Krachen und Bersten zusammenstürzender Häuser.

Der deutsche Name wurde mit Fluch und Schande beladen durch die grauenhaften, unmenschlichen Taten, die das Hitlertum in der ganzen Welt verübte und verüben ließ.

Die unvermeidliche Niederlage dieses Systems hat sich nun vollendet. Die Macht des Nationalsozialismus ist zerbrochen, die Hitlerpertei liegt zerschlagen am Boden.

Zum ersten Male nach zwölf Jahren der Entrechtung können wir wieder frei atmen, dürfen wir uns wieder als Menschen fühlen, brauchen wir nicht vor der blutigen Willkür brauner Mordbanditen zu zittern.

Mit Wehmut und Trauer gedenken wir der Toten! Ihr Sterben soll uns Gelöbnis sein, eine Welt zu bauen, die eine Wiederkehr dieses Wahnsinns unmöglich macht, in der für preußischen Militarismus und für nationalsozialistische Weltherrschaftspläne und Ueberheblichkeit kein Raum mehr ist.

**164** *Der Aufbau*, Nr. 1, 6. Mai 1945. Wenige Tage nach der Eroberung Bremens forderte in Bremen eine Gruppe von Antifaschisten, die sich schon im Krieg zusammengefunden hatte, eine gründliche Entnazifizierung, um der Fortexistenz von Nationalsozialismus und Militarismus vorzubeugen. Sie wollten »eine Welt bauen, die eine Wiederkehr dieses Wahnsinns unmöglich macht«.

## *Entnazifizierung von unten*

Die Zeitzeugin Minna, Jg. 1936, berichtet über einen Tag im Mai 1945: *Wir Kinder waren ganz aufgeregt, als eine uns bekannte Gruppe von Männern an einem Samstagmorgen von Haustür zu Haustür zog. Wir wussten, dass sie nach Nazis suchten. Später hat man diese dann mehrmals zum Schuttabräumen verpflichtet. Meine Eltern und viele andere in unserer Straße waren darüber erleichtert, weil sie so oft von diesen Nazis schikaniert und drangsaliert worden waren.*

So begann im Stadtteil Sebaldsbrück die »wohnortnahe Entnazifizierung«. Bereits in den ersten Monaten des Jahres 1945, noch bevor die Waffen schwiegen, trafen sich heimlich Mitglieder und Anhänger derjenigen Organisationen, die von den Nationalsozialisten verfolgt worden waren, also Sozialdemokraten, Kommunisten und Gewerkschaftler. Die Gründer der *Kampfgemeinschaft gegen den Faschismus (KGF)* kamen vor allem aus Bremer Großbetrieben der Rüstungsindustrie wie den Werften AG-Weser und Vulkan oder den Atlas- und Borgward-Werken. Sie alle vereinte die Idee, nicht als Partei, sondern als Sammlungsbewegung aller Antifaschisten zu agieren. Damit wollten sie Konsequenzen aus der fatalen Spaltung der Arbeiterorganisationen in der Weimarer Republik ziehen, die einen erfolgreichen Widerstand gegen den Aufstieg der Nationalsozialisten verhindert hatte.

Bereits im April 1945 wandte sich die KGF mit einem Flugblatt an die Bremer Bevölkerung. In ihrem Organ *Aufbau* forderte sie die sofortige Auflösung der NSDAP und aller NS-Organisationen, die Entfernung aller Nationalsozialisten aus Staat und Verwaltung sowie die völlige Beseitigung der NS-Ideologie im Erziehungs- und Unterrichtswesen. Alle stadtbekannten NS-Täter sollten unverzüglich aus ihren Ämtern und Funktionen entfernt werden. Das war der öffentlich vorgetragene Wille zu einer Entnazifizierung von unten. Die KGF forderte Mitspracherechte bei der Zusammensetzung des von den Alliierten dann im Juni 1945 eingesetzten Bremer Senats und bei der Besetzung städtischer Ämter, insbesondere des Arbeits- und Wohlfahrtsamtes. Außerdem setzte sie die freie Wahl von Betriebsräten, die Neugründung von Gewerkschaften und eine grundlegende wirtschaftlich-soziale Neuordnung auf die Tagesordnung.

Von Anfang an bot die KGF den Alliierten ihre Unterstützung an. Hilfreich war die Zusammenarbeit mit dem von den Besatzungsmächten zugelassenen Arbeitsamt: Im August 1945 wurden dort alle männlichen Arbeitskräfte registriert und zugleich über ihre politische Vergangenheit befragt. Dabei erfasste die KGF auch die im Ortsteil Sebaldsbrück ansässigen Nationalsozialisten mit ihren Funktionen und Praktiken. Fast 30 % der männlichen Einwohner (537 von 1914) dieses Stadtteils waren Mitglied der NSDAP gewesen. 19 von ihnen waren nachweislich an NS-Verbrechen in Bremen, in Konzentrationslagern oder in den besetzten Gebieten beteiligt.

Im KGF-Organ *Aufbau* befand sich auch ein eindringlicher Aufruf zur Wiederbegründung des Grundrechts auf Pressefreiheit und freie Meinungsäußerung: »Die Köpfe Millionen Deutscher sind noch vernebelt, das normale politische Denken funktioniert bei ihnen nicht mehr. Wir wünschen, daß möglichst bald wieder eine Presse erstehen kann, die den geistigen, seelischen und politischen Selbstreinigungsprozeß des deutschen Volkes nach Kräften fördert. Möge eine Presse entstehen, die dem deutschen Volke den Wahnsinn und die Verbrechen des Nazisystems zum Bewußtsein bringt.« Der Verfasser dieses Aufrufs war Hans Hackmack, selbst Opfer des NS-Regimes und später Gründer und Chefredakteur des *Weser-Kuriers*, der ersten nach dem Ende des Zweiten Weltkriegs zugelassenen Tageszeitung in Bremen.

Dass die KGF ihre Neuordnungsziele nicht erreichen konnte und sich Ende 1945 auflöste, hatte vielfältige Gründe. Die intendierte Kooperation mit der Militärregierung stieß bei den Amerikanern aufgrund ihrer eigenen Interessenlage nicht auf nachhaltige Resonanz. Einerseits wollte die US-Militärregierung den Nazismus beseitigen, andererseits aber stützte sie sich – gemeinsam mit Teilen des Bremer Senats und Bürgertums – in der Praxis zunehmend auf die verbliebenen NS-Parteigänger in Wirtschaft und Verwaltung. Noch entscheidender dürfte aber gewesen sein, dass die Forderung und Hoffnung der KGF, eine einheitliche Organisation der Arbeiterbewegung aufzubauen, sich nicht erfüllte: Im Zuge der seit September 1945 erfolgten Wiederzulassung politischer Parteien gründeten sich SPD und KPD erneut als zwei getrennte Organisationen.

Den Mitstreiter/innen der KGF und ihrem *Aufbau* gebührt das historische Verdienst, als erste nach dem Krieg die Ursachen und katastrophalen Folgen der NS-Diktatur beim Namen genannt und antifaschistische Überzeugungen ins öffentliche Bewusstsein gehoben zu haben. Ihre praktischen Taten zur Linderung der Alltagsnöte, zur Wiederingangsetzung der Produktion und nicht zuletzt ihr konsequentes Handeln bei der wohnort- und betriebsnahen Entnazifizierung zeigen, dass der offene Umgang mit der noch nahen Vergangenheit und den NS-Tätern sowie ein gesellschaftlich-politischer Neuaufbau hätten auch anders verlaufen können, als es dann real der Fall war. Denn der weitere Verlauf der Entnazifizierung in Bremen und ihr Resultat sind – so zahlreiche Historiker – als äußerst halbherzig und letztlich gescheitert einzustufen.

*Ulli Sittermann*

**165** Kinder beobachten den Maiumzug des DGB, 1.Mai 1947. Mit Forderungen wie »Nie wieder Krieg« und »Völkerverständigung« steht er im Zeichen von gesellschaftspolitischen Forderungen.

**166** DGB-Demonstration, 1. Mai 1954. Während junge Gewerkschaftsmitglieder die mit Gründung der Bundeswehr eingeführte Wehrpflicht ablehnten, warb die Bundeswehr unter Oberstufenschülern intensiv für die Offizierslaufbahn.

**167** Wagen in der Demonstration des DGB, 1. Mai 1958. Der Protest richtete sich gegen die Forderung der Bundesregierung, die Bundeswehr mit Atomwaffen auszurüsten. Auch in Schülerzeitungen finden sich dazu Diskussionen.

**168** DGB-Kundgebung, 1. Mai 1957. »Am Samstag gehört Vati mir.« Diese eingängige Parole, die den Kampf um die Fünftagewoche einläutete, deutet auch darauf hin, dass den Kindern wieder mehr Platz im Leben zugestanden wurde.

## *In der Lehre: Bilde dir bloß nichts ein!*

Irma, Jg. 1934, erzählt: *1946 kam ich in die 5. Klasse an der Sebaldsbrücker Heerstraße. Ich konnte die Schule nicht regelmäßig besuchen, denn ich musste 1947/48 oft mit meinen älteren Brüdern auf Hamsterfahrten ins Bremer Umland, um etwas zu essen zu besorgen. 1949 wurde ich, wie damals üblich, nach der 8. Klasse aus der Schule entlassen. Danach fand sich zwei Jahre lang keine Lehrstelle für mich. Ich übernahm kleinere Gelegenheitsarbeiten wie bügeln, im Garten graben oder auf Kleinkinder aufpassen. In dieser Zeit wurde ich Mitglied in der sozialistischen Jugendorganisation »Die Falken«. Das war mein Glück: Ich ging zu Vorträgen und freute mich besonders auf die Wochenend- und Ferienfahrten zur Bildungsstätte Horstedter Sand.*

*1951 klappte es endlich mit einer Lehrstelle. Weil damals der Bedarf an Kleidung riesengroß war, wies das Arbeitsamt mir und 15 anderen Mädchen eine Lehrstelle als Näherin zu. Sie sollte 2 Jahre dauern. Das entsprach nicht meinen Berufswünschen, aber für Mädchen und Frauen gab es nur wenig Auswahl. Eine Ausbildung zur Schneiderin beispielsweise war nicht möglich, weil die Technik des Zuschneidens weder in meinem Lehrbetrieb noch in der Berufsschule vermittelt wurde.*

*Wir kamen in die Textilfirma Bernd, die in einem Barackengebäude in der Großbeerenstraße angesiedelt war. Es gab zwei große Baracken für die Produktion, eine für das Lumpenpressen und eine »Strafbaracke«. In den großen standen zwei amerikanische Fließbänder. Auf jeder Fließbandseite arbeiteten zwanzig Frauen, also achtzig insgesamt. Wir Mädchen bekamen nur einen Tag Unterweisung, welche Handgriffe wir am Fließband zu verrichten hätten, und schon am nächsten Morgen um 7 Uhr ging es los – Blusen und Oberhemden herstellen, und zwar in arbeitsteiligen Schritten: Nähte, Ärmel, Kragen usw. nähen, alles im Akkord bis abends um 17 Uhr. Zwischendurch hatten wir zweimal eine Viertel-*

**169** Irma, Jg. 1934, beim Tanz mit ihrem Freund, 1951.

*stunde Pause. Nach den zehn Stunden Arbeitszeit war für uns Lehrlinge oft noch nicht Schluss. Wir mussten alle Stoffreste aufsammeln und in der Lumpenpresse zu Ballen verarbeiten. Das war sehr anstrengend. Einmal pro Woche mussten wir auch die eklig stinkenden, oft verstopften Toiletten reinigen. Das Arbeitsklima war eine Zumutung. Frühmorgens erwarteten uns die Bandleiterinnen und wiesen uns in scharfem, lautem Ton eine Stelle am Fließband zu. Ein »Guten Morgen« gab es nicht! Es dauerte meist nur wenige Minuten, bis die ersten Lehrlinge angebrüllt wurden, dies oder das besser zu machen, vor allem schneller, schneller. Das Band durfte nicht stillstehen! Bald waren die meisten von uns fix und fertig, immer dieser rüde Ton, persönliche Beleidigungen und regelrechte Schikanen: Man wurde von den »Herrinnen« des Betriebs gestoßen und gedemütigt: Bilde dir bloß nichts ein! Du kannst gar nichts!*

*Notgedrungen passte ich mich nach und nach an die Fließgeschwindigkeit des Bandes an und entwickelte Geschick bei der Anwendung der Nähhandgriffe. Ich rückte dann am Band nach vorn, während andere, die einen Arbeitsschritt zu langsam bewältigten oder einfach mal schlapp machten, nach hinten ans Band versetzt wurden. Sie wurden besonders häufig und heftig angeschnauzt. Im schlimmsten Fall wurden sie sogar in die Strafbaracke verbannt. In meinen Augen waren diese Bandleiterinnen sadistisch, sie kannten keinerlei Rücksichtnahme, auch nicht, wenn man krank war.*

*Für uns Lehrlinge gab es aber einen ›Tag der Freiheit‹, auf den wir uns die ganze Woche freuten: die Berufsschule. Da herrschte zum Glück eine erträgliche Atmosphäre. Dort haben wir Mädchen unseren Zusammenhalt gestärkt, um die täglichen Schikanen im Betrieb einigermaßen auszuhalten.*

*Ein unbeschreibliches Glück für mich war, dass ich mich in meiner Lehrzeit in einen jungen Mann verliebte. Er holte mich fast täglich von der Arbeit ab. Auf dem Nachhauseweg machten wir lange Umwege – Händchen haltend im Park oder an der Weser. Diese erste Liebe gab mir viel Kraft, all das Hässliche, Demütigende und die Ausbeutung im Betrieb zu ertragen. Damit hing aber auch eine meiner schlimmsten Erfahrungen im Betrieb zusammen. Mein Vater wünschte, dass mein Freund sich zu Hause vorstellte. Bei seinem Besuch wurde ihm Bier angeboten, und er war dann so beduselt, dass mein Vater ihm unser Sofa zum Übernachten anbot. Ich radelte am anderen Morgen wie immer zur Arbeit. Plötzlich kam eine Bandleiterin mit hochrotem Kopf auf mich zugestürmt und schrie mich an, was für einen unsittlichen Lebenswandel ich führe, was für eine Hure ich sei, was das für eine Familie wäre. Später erfuhr ich, dass der Vater meines Freundes seinen Sohn gesucht hatte. Er war erst bei uns zu Hause und kam dann in den Betrieb, um mich auf übelste Weise zu beschuldigen. Ich wurde für sechs Wochen in die Strafbaracke verbannt und musste dort primitivste Arbeiten verrichten. Schließlich brach ich zusammen – Kreislaufkollaps. Ich war unsicher und ängstlich, fühlte mich so misshandelt. Der Arzt forderte meinen Vater auf, mich sofort aus dem »Sklavenmarkt« herauszuholen, der sei menschenunwürdig. Aber mein Vater verlangte: Die Lehre wird zu Ende gebracht! Du wirst das schon überstehen. Er beschwerte sich auch nicht im Betrieb über meine unwürdige Behandlung. Das hat mich enttäuscht. Es war ein Trost, dass ich meinen Freund hatte – wir haben drei Jahre später geheiratet.*

**170** Wilhelm, Jg. 1937, nach seiner Konfirmation, 1951.

**171** Konfirmation von Edith (Mitte), St. Georg-Kirche in Huchting, 1957.

Ernst Steinhoff

# *Keine Hottentottenmusik in einem deutschen Gymnasium*

## Jugendkulturen in den 1950er Jahren

Nach 1945 befürchteten die Besatzungsmächte und die politisch Verantwortlichen in den Westzonen, dass der Nationalsozialismus in den Köpfen der Jugendlichen nachwirken könnte. Sie wurden – auch aus dem Ausland – aufmerksam beobachtet, besonders was ihre Einstellung zur Demokratie anging. Die Sorge, dass die Jugendlichen, die in der Hitlerjugend waren und in den letzten Kriegsmonaten »für Volk und Vaterland« gekämpft hatten, noch der NS-Ideologie anhängen könnten, war jedoch weitgehend unbegründet. Viele dieser Jugendlichen fühlten sich betrogen und waren durch die erlittenen Kriegs- und Nachkriegserlebnisse geprägt. Der Soziologe Helmut Schelsky bezeichnete sie als »skeptische Generation«. Auf sehr unterschiedliche Weise suchten und fanden diese jungen Menschen ihren Platz in der Gesellschaft.

Freizeitbeschäftigungen spielten dabei eine zentrale Rolle. In Bremen hatten die Sportvereine schon ab 1946 ihren Betrieb wieder aufgenommen, daher standen sportliche Aktivitäten und Wettkämpfe zunächst an erster Stelle. In den Jugendgruppen der Sportvereine wurden auch Volkstanz, Singen von Volksliedern und Theaterspielen sowie Fahrradtouren, Wanderungen und größere Fahrten mit mehreren Übernachtungen angeboten. Die Beteiligung an diesen Aktivitäten war groß. In diesen Jugendgruppen entwickelten sich auch erste Freundschaften zwischen Jungen und Mädchen, sozusagen erste Annäherungsversuche an das andere Geschlecht mit heimlichem Händchenhalten, ersten Küssen und »Schmusen«.

Eine Zeitzeugin erzählt: »*Meine Freundinnen und ich waren in den ersten Jahren im Turnverein, der war in der Schule Claudiusstraße. Da sind wir zweimal in der Woche hingegangen. Mit 10 habe ich schwimmen gelernt in der Weser. Wir sind dann in Eigenverantwortung an die Weser, da haben wir viel Freizeit verbracht. Im Sommer waren wir eigentlich immer da. Nach der Grundschulzeit bin ich früh bei der DLRG gelandet und habe den Rettungsschwimmer gemacht. Ich habe auch viele Jahre Klavier gespielt, später kamen noch andere Sachen dazu. Also Langeweile hatten wir nie, aber eben alles im engen Rahmen und es durfte nicht viel Geld kosten.*«

Großen Zulauf fand der Bund Deutscher Pfadfinder, der 1949 zugelassen worden war, wohl weil der Gründer dieser Organisation, Lord Baden Powell, Engländer war und die englische Besatzungsmacht erkannt hatte, dass die Zulassung der Pfadfinderbewegung den Gedanken einer Demokratisierung der deutschen Jugend unterstützen würde. Ich bin bereits 1950 dem Bund Deutscher Pfadfinder in meiner Heimatstadt beigetreten und habe drei Jahre später den Stamm »Weißer Adler« geleitet. Begeistert von Abenteuerspielen im Wald, Zeltlagern

**172** Mit dem Fahrrad zum Schullandheim nach Everinghausen, 1958.
**173** Stereo-Radio *Venus* von Loewe Opta, um 1954/55.
**174** Fußballspiel beim Schulsportfest im Weserstadion, 1955.
**175** Spaziergang in Bad Zwischenahn, 1955.
**176** Stamm »Weißer Adler«, Bund Deutscher Pfadfinder, Sulingen 1953.

mit Lagerfeuer, Nachtwanderungen, feierlichen Versprechen, jeden Tag eine gute Tat zu tun und Nächstenliebe zu praktizieren, zog es damals viele Jungen – Mädchengruppen gab es erst viel später – in den Städten und auf dem Lande zu den Pfadfindern.

Jungen und Mädchen waren zu dieser Zeit häufig »Leseratten«. Während die Jungen sich aber, so oft es ging, auch draußen aufhielten, gab es für manche Mädchen keine größere Leidenschaft als Lesen. *Wir haben viel gelesen*, erzählt eine Zeitzeugin, *erst nur Kinderbücher, wie z.B. »Nesthäkchen«. Später dann Novellen, alles, was wir in die Finger bekamen, haben wir gelesen. Bücher kaufen war ein finanzielles Problem, für ein gutes Zeugnis gab es ein Buch, zu Weihnachten und zum Geburtstag auch. Aber wir hatten in der Langemarckstraße eine Leihbücherei, da durfte man sich pro Tag ein Unterhaltungsbuch, ein Sachbuch und noch irgendetwas, also drei Bücher, ausleihen, mehr nicht. Wir sind dann mittags hin, meine Schulfreundin wohnte da in der Nähe. Dann haben wir die Bücher schnell durchgelesen und sind noch abends wieder hin und haben die Bücher wieder getauscht.*

Viele Mädchen liebten es, zu handarbeiten, stricken, häkeln, nähen und sticken; es gehörte teilweise aber auch zum häuslichen Pflichtprogramm. *Wir haben zu Hause gehandarbeitet, jede Menge!*, berichtet eine andere Zeitzeugin. *Da wurden Deckchen gestickt und Strümpfe gestrickt, auch in der Freizeit. Diese Sache wurden an Eltern oder Verwandte verschenkt.*

Andere Jugendliche verbrachten ihre Zeit mit Radiohören, besonders mit den damals beliebten Kofferradios, die man überallhin mitnehmen konnte. Ein beliebtes Hobby war auch das Sammeln von kleinen Bildchen, die man in Sammelalben einkleben konnte. Es gab Alben zu verschiedenen Kontinenten, zu Tieren und Pflanzen, aber auch zur Fußballweltmeisterschaft 1954 in der Schweiz.

**177** Volksbücherei Blumenthal, 1959.

**178** Tanzstundentäschchen, von der Mutter genäht, und Umhängetasche, gefertigt aus einer Matte aus Papierseil, 1950er Jahre.

Wieder andere gingen ins Kino – eine Kinokarte kostete 50 Pfennig –, und wenn man das Geld hatte, lud man seine Freundin ein, um ihr im Dunkel des Filmraums »näherzukommen«. Auch die Schulen boten zu jener Zeit über den Unterricht hinausgehende Aktivitäten an: So gab es an fast jeder Schule einen Schulchor, ein Schulorchester, einen Filmclub oder eine Theatergruppe. An einigen Schulen gab es auch schon in der ersten Hälfte der 1950er Jahre eine Schülerzeitung und einen Schülerring, in denen erste Versuche einer Mitwirkung am Schulgeschehen unternommen wurden.

Für viele Jugendliche war es notwendig, ihr oft schmales Taschengeld mit kleinen Jobs aufzubessern. Ich schleppte beispielsweise Steine auf dem Bau, half bei der Drainage von feuchten Wiesen, arbeitete in Schichtarbeit in einer Tubenfabrik und stapelte Kisten in der Hemelinger Brauerei. Letztere Tätigkeit war bei uns Jungen besonders beliebt, weil es zum Lohn noch eine gewisse Menge an Freibier gab. Mein einträglichster Job war es allerdings, in einer Band zu spielen. In der zweiten Hälfte der 1950er Jahre hatten wir damit die Möglichkeit, an einem Abend – z.B. bei einer Hochzeit auf dem Lande – 60 D-Mark zu verdienen, allerdings musste man dafür auch bis zu acht Stunden spielen!

Während die Erwachsenen überwiegend auch das Wochenende im eigenen Heim verbrachten, nicht selten vor dem gerade erworbenen Fernsehgerät, gingen die Jugendlichen lieber ins Kino oder in Milchbars und Eisdielen, um sich mit Freunden zu treffen. Dort hatten die Jugendlichen oft einen Raum für sich, in dem sie aus Musikboxen, die mit Münzen bedient werden mussten, »ihre« Musik hören konnten.

Durch die wirtschaftliche Verflechtung mit den Staaten des Westens, dem wirtschaftlichen Aufschwung und dem erweiterten Warenangebot gelangte eine Reihe von amerikanischen Importen der Alltags- und Populärkultur in die BRD. Das damit transportierte Bild des »American Way of Life« entsprach dem Wunschdenken vieler Jugendlicher. Ein auf »Spaß haben« ausgerichtetes Freizeitverhalten führte jedoch zu Konflikten, da es mit den Wertvorstellungen und Autoritätsansprüchen der Erwachsenen – Eltern wie Lehrern – nicht übereinstimmte. Viele von ihnen fürchteten sich vor den aus Amerika kommenden kulturellen Einflüssen. Man unterstellte den Jugendlichen, die

**179** Um Wünsche zu verwirklichen, musste Geld gespart werden.
Links oben: Spardose aus einer Kakaodose, um 1950.
Rechts oben: Schülersparkarte, 1954. Helga, Jg. 1942, zahlte in der 6. Klasse wöchentlich 50 Pfennig für die Klassenfahrt ein.
Unten: Schulsparkasse mit einem Sparfach für jedes Kind, 1950er Jahre.

Wertvorstellungen von Autorität, Kirche, Staat und Gesellschaft, die den Erwachsenen »heilig« waren, infrage zu stellen. Die zeitgenössische Psychologin Helma Engels beschrieb die jungen Leute »als eine Gruppe von genusssüchtigen, zügellosen Halbwüchsigen, die in ihrer

Kinobesessenheit, ihrer erschreckenden geistigen Anspruchslosigkeit, ihrer anscheinend willenlosen Triebhaftigkeit bis zu restlos verantwortungsunbewußten, frühzeitigen geschlechtlichen Betätigungen, ohne jegliches Gemeinschaftsgefühl, lediglich verhaftet an das gegenwärtig, greifbare Heute lebt«.[1] In diesem Zusammenhang muss auch das 1951 in Kraft getretene Jugendschutzgesetz gesehen werden. Darin waren der Alkohol- und Zigarettenkonsum verboten, aber ebenso auch die Lektüre von Comics, das Motorrad- und Mopedfahren sowie das Campen. Offenbar sollten alle jugendlichen Lebensbereiche vollständig kontrolliert werden; gefordert wurden Triebverzicht und die Verwirklichung der überkommenen Ideale Sittlichkeit, Sauberkeit, Ordnung, Sparsamkeit und Bescheidenheit. Die geforderte Anpassung an die Werte der älteren Generation stieß jedoch bei immer mehr Jugendlichen auf Widerstand. Die Verbote wurden von ihnen als jugendfeindlich empfunden, und langsam setzten sie – sicherlich beeinflusst durch den Import amerikanischer Populärkultur – ihren eigenen Stil dagegen. Durch die Übernahme amerikanischer Idole aus Filmen – James Dean, Marlon Brando – und aus der Musik – Bill Haley, Elvis Presley – und damit verbundene Kleidungsstile und Verhaltensmuster entstand bei einem Teil der westdeutschen Jugendlichen ein Gefühl von Freiheit, das zunehmend an Bedeutung gewann.

Etwa um die Mitte der 1950er Jahre entstand der Begriff »Halbstarke« zur Kennzeichnung einer neuen Zeiterscheinung. Die Jugendlichen selbst vermieden diesen Begriff, da er für »halbwüchsig« oder »halberwachsen« stand, und gerade das wollten sie ja nicht sein. Viele Erwachsene setzten den Begriff gleich mit »Randalierern in der Öffentlichkeit« sowie mit dem abschätzigen Urteil, die so Beschriebenen nicht ernst zu nehmen. Die Jugendlichen wiederum zeigten durch ihre äußere Erscheinung, bestimmte musikalische Vorlieben

**180** Bali-Kino im Hauptbahnhof, 1960. Auswärtige Schüler/innen sahen sich dort gerne Filme an – das Kino war preiswert und warm.

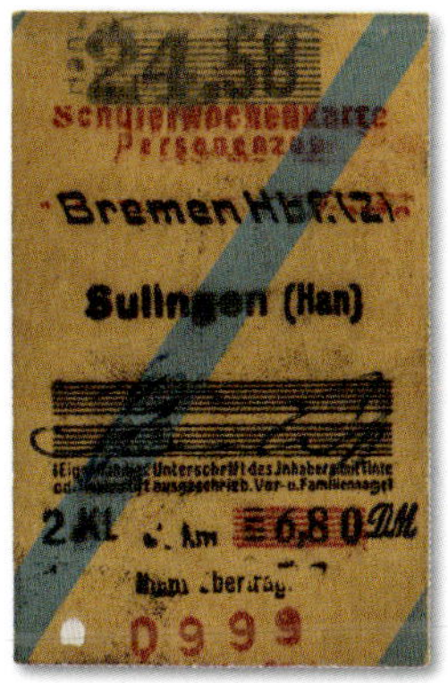

**181** Monatsfahrkarte für 6,80 DM, 1958.
**182** Filmprogrammheft, 1956.

und durch ihr Freizeitverhalten, dass sie die von ihnen geforderten Konventionen ablehnten. Deutlich zeigte dies die Mode der Halbstarken: Die wichtigsten Kleidungsstücke waren die Blue Jeans, damals noch Nietenhosen genannt, T-Shirts, großkarierte Hemden, über der Hose

TANZSCHULE Eichentopf

BREMEN
BRILLECKE
(Wührmannhaus)

Ruf 4 68 55

Bürozeit
11 bis 14 Uhr
17 bis 20 Uhr

Gepr. Tanzlehrer im A.D.T.V. Mitglied im FFMPD, Paris. Trainer im Grün-Gold-Club, Bremen

Unterricht in modernem, gepflegtem Gesellschaftstanz für Schüler der bremischen Oberschulen.

Beginn der Kurse:
Anfang September, Anfang Januar und Anfang April.

Übungstanztee jeden Sonntag von 16 bis 19 Uhr in den Räumen der Tanzschule

**183** Abtanzball von Christa, Jg. 1942, in der Glocke, 1958.
**184** Anzeige aus der Schülerzeitung *Auf ein Wort*, Gymnasium Hamburger Straße, September 1958.
**185** Rock 'n' Roll, Linolschnitt aus *Auf ein Wort*, März 1957.

getragen, und dazu, wenn möglich, schwarze Blousons oder Lederjacken und Motorradstiefel. Ein Zeitgenosse erinnert sich, wie er mit seinen Freunden in der Toilette seines Lieblingslokals stand: »*Wir wühlten in unseren Haaren, klatschten sie dann hin, um so auszusehen wie James Dean, mit diesem Blick des Ausgestoßenen in unseren Augen. Dann gingen wir mit Bewegungen, die Elvis kaum besser hingekriegt hätte, zurück an unseren Platz.*« Zudem entdeckten die Jugendlichen, ungeachtet gesetzlicher Vorschriften, Mopeds und Motorräder für sich. Mit dieser Motorisierung erweiterten sie ihren Aktionsradius und demonstrierten ihre Macht, indem sie mit laut aufheulenden Motoren durch die Straßen fuhren, besonders gern nachts, wenn alles schlief.

Was den Rock 'n' Roll betrifft, so gab es – wie in Amerika – auch in der BRD Zustimmung bei den jungen Leuten und heftige Ablehnung durch die ältere Generation. Obwohl die Halbstarken diesen Musikstil für sich beanspruchten, fand auch eine große Gruppe anderer Jugendlicher Gefallen an dieser Musik, die nicht mit halbstarkem Gebaren und Aussehen in Verbindung gebracht werden wollten. So wurde Rock 'n' Roll auf Schulfesten getanzt, sofern eine Band in der Lage war, diese Musik zu spielen, in den Jugendclubs, wenn diese nicht in kirchlichen Einrichtungen angesiedelt waren, und selbst in Tanzschulen, die mit der Zeit gingen, wurde dieser Tanz ausprobiert. Der Rock 'n' Roll entsprach dem Nachholbedürfnis einer jungen Generation, die nach dem Krieg unter sehr eingeschränkten Verhältnissen aufgewachsen war. Eltern und Ältere im Allgemeinen standen diesem Tanz eher kritisch gegenüber: Durch den Film *Die Saat der Gewalt*, der die Probleme Jugendlicher in Amerika zeigt und in dem zum ersten Mal dieser neue Musikstil zu hören war, gewannen sie den Eindruck, dass Rock 'n' Roll und Jugendkriminalität in direktem Zusammenhang stünden und lehnten ihn deshalb strikt ab. In dieser Musik vereinte sich »schwarzer Beat mit weißer Sentimentalität«, weswegen die Bewertung des Rock 'n' Roll auch durch rassistische Vorurteile geprägt wurde. Demzufolge war diese Musik für viele Deutsche nichts anderes als »Urwaldgeheul« oder »Negermusik«, was angesichts der Tatsache, dass die zwei Hauptprotagonisten des Rock 'n' Roll, Bill Haley und Elvis Presley, Weiße waren, heute lächerlich anmutet. Ich besuchte in den 1950er Jahren ein Gymnasium in Diepholz und spielte in der dortigen Schülerband auch Rock-'n'-Roll-Titel. Dazu musste ich mir von dem damaligen Direktor sagen lassen, dass er diese »Hottentottenmusik« in seiner Anstalt nicht dulde, schließlich sei diese ein »deutsches Gymnasium«. Der zum Rock 'n' Roll gehörende Tanzstil war das genaue Gegenteil von dem in der BRD propagierten Ideal der Zurückhaltung und Selbstbeherrschung. Er war laut, schnell und körperbetont, verstieß mit seinen sexuellen Andeutungen gegen die herrschenden Tugenden wie Anmut und Anständigkeit und galt deshalb bei der älteren Generation als »primitiv« und »anstößig«. Außerdem konnte in dem neuen Tanzstil eine Gleichstellung der Geschlechterrollen gesehen werden, da der Mann nicht zwangsläufig die Führung übernehmen musste, was als Gefährdung der traditionellen Rollenaufteilung zwischen Mann und Frau betrachtet wurde. Elvis Presleys wilde Bühnenshow beförderte die Vorurteile der älteren Generation noch: Sie vermuteten darin eine Aufforderung zu jugendlichem Fehlverhalten und zu sexueller Freizügigkeit. Denn bei Titeln wie *Love me tender* oder *Loving you* wurde nicht, wie beim Rock 'n' Roll, »auseinander getanzt«, sondern möglichst eng umschlungen, sodass ein Teil der Öffentlichkeit dies als »musikalisches Äquivalent des Geschlechtsaktes« deutete. Auch das trug zur Verdammung dieser Musik bei.

**186** Papierhütchen für Silvester- oder Faschingsfeiern, 1950er Jahre.
**187** Silvesterfeier, 1953/54. Ernst, Jg. 1939: *Die Eltern sollten das Foto nicht sehen, weil ich eine Zigarette im Mund habe.*

Die Halbstarken wurden aber nicht nur wegen ihres Musikgeschmacks, sondern vor allem wegen ihres provokativ-herausfordernden lässigen Verhaltens kritisiert. Breit-

**188** In der *Lila Eule*, einem Treffpunkt »for Jazzin' Babies only«, 1959.

beinig, die Zigarette im Mundwinkel, das Kofferradio im Arm, Vorbeigehende verächtlich ansehend, so standen sie in Cliquen herum und stellten damit einen Gegenentwurf zu den Idealvorstellungen der Vätergeneration dar. Neben ihrer Haltung, ihrem Aussehen und ihrer Respektlosigkeit gegenüber Erwachsenen wurde das Bild, das die Gesellschaft von diesen Jugendlichen hatte, seit 1956 durch die Halbstarkenkrawalle geprägt. In der BRD fanden allein zwischen 1956 und 1958 etwa hundert Großkrawalle in den Städten Berlin, Köln, Hamburg, Dortmund, Braunschweig und auch Bremen statt, an denen sich hunderte, gelegentlich sogar tausende Jugendliche beteiligten. Obwohl ihre Zahl insgesamt als gering eingeschätzt wurde – man sprach von weniger als 10 Prozent der 14- bis 21-Jährigen – bestätigten diese Vorfälle das negative Image der Halbstarken noch mehr. Besonders ihr Verhalten nach Film- oder Musikveranstaltungen sorgte für Aufsehen, wenn beispielsweise nach Konzerten von Bill Haley die gesamte Einrichtung des Konzertsaales zertrümmert wurde. Auch nach Filmvorführungen kam es zu Krawallen. So berichtet ein Zeitzeuge: »*Als im ›Apollo‹ (damals ein Kino in Bremen) der Film ›Rock Around The Clock‹ mit Bill Haley lief, sind wir alle hin. Draußen war es voll von Menschen, die nicht mehr reingekommen waren. Als wir nach dem Film rauskamen, wurde Krawall gemacht, das war wie eine Lawine. Man hat sich mitschleifen lassen. Da wurden Autos umgekippt. Von der Polizei gab es viel Härte, die schlugen einfach drauflos.*« Solche Krawalle nach Filmvorführungen und Konzerten hatten zur Folge, dass von den Halbstarken nicht nur in den Lokalteilen der Zeitungen berichtet wurde, sondern auch in den großen Magazinen wie *Spiegel* und *Stern*. Viele Radiosender, vor allem im Süden der BRD, strichen Rock-'n'-Roll-Musik für längere Zeit aus ihren Programmen. Sie hofften, dadurch weitere Krawalle verhindern zu können. Als diese in den späten 1950er Jahren abebbten, verlor die Auseinandersetzung mit dieser ersten jugendlichen Protestwelle in Presse und Öffentlichkeit an Schärfe. Vielleicht hing das auch mit der Erkenntnis zusammen, dass dieser Protest nur demonstrativ war und nicht argumentativ geführt wurde. Er blieb auch weitgehend spontan und unorganisiert und hatte kaum Verbindung zu neuen politischen oder sozialen Bewegungen, z.B. gegen die Wiederbewaffnung oder die Atombombe.

Eine anders gelagerte, gesellschaftskritische Bewegung in der Jugendkultur der 1950er Jahre waren die Existentialisten, die allerdings weniger verbreitet und bekannt war. Sie wurden kurz »Exis« genannt und kamen fast ausschließlich aus dem Gymnasiasten- und Studentenmilieu. Sie identifizierten sich mit kapitalismuskritischen Intellektuellen jener Zeit wie den französischen Existentialisten Jean-Paul Sartre und Albert Camus, andere verehrten amerikanische Beatnik-Dichter

**189** Tumult nach dem Film *Außer Rand und Band*, 4.11. 1956. 28 Bremer Jugendliche wurden dabei festgenommen.

**190** Kinowerbung für *Rock around the Clock* im *Weser-Kurier*, 2.11.1956.

**191** Programmblatt zum Film *Die Halbstarken*, 1956.

wie Allen Ginsberg und Jack Kerouac. Ihre ablehnende Haltung gegenüber der von materiellen Werten dominierten Gesellschaft dokumentierten sie durch überwiegend schwarze Kleidung. Einige verschrieben sich dem Jazz, der damals – ebenso wie der Rock 'n' Roll – von großen Teilen der westdeutschen Gesellschaft abgelehnt wurde. Treffpunkte der Existentialisten waren vor allem die Jazzkeller, die es in fast allen größeren Städten gab. In Bremen war der »Domkeller« in der Dechanatstraße so ein Treffpunkt. Viele Existentialisten verbrachten neben der Schule viel Zeit mit Lesen und Diskutieren, mit literarischem oder philosophischem Schreiben, Malen und Musizieren. Ihr Stil und ihr Lebensgefühl grenzte sie sowohl von den Halbstarken als auch von der »Welt der Spießbürger in der aufblühenden Wirtschaftswunderrepublik« ab. Die Hinwendung zur ausländischen Literatur und zum Jazz bot ihnen die Möglichkeit, dem »restaurativen Klima und der konformistischen Enge« der 1950er Jahre einen »geborgten, individualistischen Protest« entgegenzusetzen.[2] Die Existentialisten waren auch die erste Gruppe von Jugendlichen, die das Schweigen über die politische Vergangenheit kritisierten, wenn auch erfolglos, dazu waren sie noch zu wenige und vielleicht auch zu wenig kämpferisch. Aus ihren Reihen sollten später einige Aktivisten der Studentenbewegung Ende der 1960er Jahre hervorgehen.

**192** *Teenager* und *blue jean boy* – Ideal für weibliche Jugendliche, dargestellt auf einem Taschentuch, Ende der 1950er Jahre.

**193** Filmheld James Dean, 1955, und Rockstar Elvis Presley auf der Titelseite der verbreiteten Jugendzeitschrift *Bravo* Nr. 16, April 1959.

Der Wirtschaftsaufschwung, der Mitte der 1950er Jahre immer spürbarer wurde, hatte zur Folge, dass Jugendliche, selbst wenn sie noch zur Schule gingen, häufiger über ein relativ großes Taschengeld verfügten, besonders wenn sie sich, was damals üblich war, durch kleine Jobs etwas hinzuverdienten. In dieser Zeit bildete sich eine neue jugendkulturelle Gruppe heraus, die dem Ideal »Teenager« nacheiferte und die – verglichen mit den Halbstarken – weitaus mehr Jugendliche versammelte. Schließlich klang der Begriff »Teenager« weniger gefährlich, aber auch nicht so altmodisch wie »Minderjähriger« oder »Heranwachsender«. Die Teenager waren ebenso wie die Halbstarken wichtige Vorreiter eines neuen jugendlichen Selbstbewusstseins und Lebensgefühls, das sich deutlich von dem der Erwachsenen unterschied. Sie waren die erste Gruppe von Jugendlichen, die von der Konsumindustrie ernsthaft wahrgenommen wurde. Damit waren sie Wegbereiter für die nachfolgenden Wellen der Kommerzialisierung von Jugendkulturen und Jugendmusikkulturen. Die Vergnügungs- und Konsumindustrie hatte erkannt, dass mit den Jugendlichen Geld zu verdienen war und brachte spezielle Teenager-Mode, Teenager-Musik, Teenager-Kosmetik, Teenager-Filme und Teenager-Zeitschriften auf den Markt. In Teenager-Clubs wurde Teenager-Sprache gesprochen, all das waren Erfindungen des Marketings der Industrie. Die verkaufte nicht nur Waren, sondern eine neue Jugendkultur unter dem Motto »Jung sein macht Spaß«. So sah man auf den Straßen Mädchen statt mit Zöpfen mit Pferdeschwanz, mit Petticoats – oft mehrere übereinander –, mit engen Pullis und flachen Mokassins. Die dazugehörigen Jungen bevorzugten weiterhin Blue Jeans und James-Dean-Jacken. Werbestrategien, in denen der Teenager-Stil geschickt dargestellt wurde, verankerten ihn in der Lebenseinstellung vieler Jugendlicher. Dieser neu entstandene Jugendtyp orientierte sich allerdings weitgehend am bürgerlichen Jugendideal und fand in der 1956 gegründeten und besonders bei Mädchen beliebten Jugendzeitschrift *Bravo* ein Sprachrohr.

Die Teenagerkultur wurde vor allem von dem Traumpaar Conny Froboess und Peter Kraus repräsentiert. Sie verwandelten mit ihrer Art Musik zu machen den rebellischen Rock 'n' Roll in eine geglättete Mode- und Schlagervariante. Die Teenager-Kultur war die kommerzielle Antwort auf die halbstarken »Rowdies«, die nun auch den Mädchen, die bei diesen nur eine unbedeutende Rolle gespielt hatten, eine Identifikationsmöglichkeit anbot, die Möglichkeit einer, wenn auch vielleicht nur vermeintlichen neuen weiblichen Selbstverwirklichung. Die »saubere« Teenagerkultur ermöglichte den Jugendlichen, aus den konventionellen Bahnen auszubrechen, ohne dabei allzu große Konflikte mit Eltern, Lehrern oder Lehrherren einzugehen. Das Bedürfnis Heranwachsender, sich »auszutoben«, galt, nachdem die Krawallmacherei einer halbstarken Minderheit durch die von der Mehrheit der Erwachsenen eher akzeptierte Teenager-Kultur abgelöst worden war, als ein legitimes Stadium des Erwachsenwerdens.

Vom Standpunkt der gesellschaftlichen Sorge um die Zukunft der Jugend aus kann die Ablösung der Halbstarken durch die Teenager-Kultur als Sieg traditioneller Werte und Haltungen über die Gefahr weiterer »Exzesse« gesehen werden. Dennoch blieb in den ausgehenden 1950er Jahren das Spannungsverhältnis zwischen sozialem und kulturellem Wandel auf der einen Seite und konservativen Wertvorstellungen und Lebensweisen der zumeist Älteren auf der anderen Seite bestehen. Das Protestverhalten der Jugendlichen dieser Zeit bewegte sich in diesem Spannungsverhältnis. Obwohl die Jugendlichen ihren Protest nicht als inhaltliche Auseinandersetzung führten, reichte er, um die Erwachsenengesellschaft so zu reizen, dass sie mit heftiger, teilweise aggressiver Gegenwehr reagierte. Im Verlauf der folgenden Jahre übertrug sich der von den Jugendlichen in den 1950er Jahren angestoßene Lebensstil auf Jugendliche aus allen gesellschaftlichen Schichten. Gleichzeitig wurde aber dadurch der ursprüngliche Protestcharakter »abgemildert«. So ebbte der Protest der Halbstarken gegen Ende der 1950er Jahre ab, ohne dass sich an den bestehenden Widersprüchen etwas geändert hatte. Rückblickend blieben die Proteste der Jugendlichen aber nicht wirkungslos. Zwar war es ihnen selbst weniger um Veränderungen sozialer oder gar politischer Natur gegangen, sondern vielmehr um die Abkehr von den autoritären und »spießigen« Normen der bürgerlichen Gesellschaft. Dadurch waren sie aber Wegbereiter eines neuen Verhaltens, das auch Spaß und die Freude am Leben erlaubte. So wurde nach und nach ein Umdenken in der Gesellschaft angestoßen. Wenn man also das Aufbegehren der Jugendlichen in den 1950er Jahren als Ausdruck eines weit über diese Jahre hinausgehenden sozialen und politischen Wandels begreift, dann spielen die Halbstarken und die Rock 'n' Roller eine historisch nicht unwichtige Rolle. Schließlich versetzten sie die Gesellschaft der BRD in Aufruhr und bereiteten damit die weitreichenderen sozialen und politischen Bewegungen der 1960er Jahre vor.

**194** Junges Paar auf dem Motorroller, 1954.

## *Wenn bei Capri die rote Sonne im Meer versinkt*

Nach dem Krieg sehnten sich viele Deutsche nach Süden, Sonne und Meer. Fast alle Schlager kreisten um Fernweh und Liebe. Wenn Lieder wie *Am Zuckerhut, am Zuckerhut* oder *Wo die Südsee rauscht* im Radio erklangen, träumten sich die Menschen in eine andere Welt hinein. Die Schallplattenindustrie profitierte von der Sehnsucht der Deutschen. 1953 wurden bereits über 30 Millionen Platten verkauft, nur 10 % davon waren »ernste Musik«.

Mit Motorisierung und »Wirtschaftswunder« entdeckten die Deutschen Italien als ihr Lieblingsland. Unzählige Schlager verstärkten diesen Trend: Rudi Schuricke eröffnete 1950 den Reigen mit *Wenn bei Capri die rote Sonne im Meer versinkt* und landete prompt den ersten Hit. René Carol bekam für *Rote Rosen, rote Lippen, roter Wein* die erste Goldene Schallplatte der Nachkriegszeit. Weitere Höhepunkte der Italienwelle waren die Schlager von Caterina Valente *Komm ein bisschen mit nach Italien* oder *Ciao, Ciao Bambina*. Auch Rocco Granatas *Marina* klingt den damaligen Zeitgenossen förmlich noch in den Ohren. 1956 fuhren bereits 4,5 Millionen Deutsche mit Rollern, Goggomobilen und VW-Käfern auf der Suche nach einer »schöneren Welt« in den Süden.

Auch Seemannslieder hatten als Schlager Hochkonjunktur. Besonders die Titel von Freddy Quinn *Junge, komm bald wieder* und *Heimweh* verkauften sich millionenfach. Freddy Quinn sang beim ersten Grand Prix d'Eurovision 1956 für Deutschland den Titel *So geht das jede Nacht*, der Ähnlichkeit mit Bill Haley´s *Rock around the clock* hatte. Auch Lale Andersen mit *Ein Schiff wird kommen* schwamm auf dieser Welle mit.

**195** Akkordeon, im Gebrauch in den 1950er Jahren.

**196** Schüler-Tanzorchester STO aus Diepholz, Auftritt in Bohmte, 1956.

In Amerika hatte sich unterdessen ein neuer Musikstil entwickelt: der Rock 'n' Roll. 1954 erschien der Titel, der für diese neue Musikrichtung den Durchbruch bringen sollte: *Rock around the clock* von Bill Haley and the Comets. Absoluter »King of Rock 'n' Roll« wurde aber dann Elvis Presley. Mit *Jailhouse Rock* und *Heartbreak Hotel* brach er wie ein Naturereignis über die deutsche Populärmu-

**197** Plattenauflegen nach der Tanzstunde bei Schipfer-Hausa, 1956/57.

**199** Elvis Presley: *Hound Dog*, 1956; Ricky Nelson: *Hello Mary Lou*, 1960.

**198** Tanzfeier bei Rainer, Jg. 1938, und seiner Schwester, 1956/57.

**200** Ernst, Jg. 1939, beim Musikauflegen an der Musikbox, um 1958.

sik herein und wurde zur absoluten Identifikationsfigur nicht nur der Halbstarken. Ted Herold, der vielleicht einzige echte deutsche Rock 'n' Roller sagte über Elvis: »Er schmiss seine Glieder durch die Gegend – das war der Kick schlechthin. Als er kam, wollten alle so aussehen wie er.«

Fast unbeeindruckt von der neuen Rock 'n' Roll-Welle hatten Interpreten wie Peter Alexander mit *Tschau, Tschau Bambina* und Heidi Brühl mit *Wir wollen niemals auseinandergeh'n* weiterhin Erfolg. Beliebt war auch der ausländische Akzent von Connie Francis – *Die Liebe ist ein seltsames Spiel* –, Bill Ramsey – *Souvenirs* –, Dalida – *Am Tag, als der Regen kam* – oder Nana Mouskouri – *Weiße Rosen aus Athen*. Ihre und andere Titel dieser Art wurden für ihre Zielgruppe zu »Evergreens«.

*Ernst Steinhoff*

**201** Autogrammjäger vor dem Kino Europapalast, um 1955.

**202** Gloria-Kino, Gartenstadt Vahr, 1957 – es läuft ein Luis-Trenker-Film.

## *Mach dir ein paar schöne Stunden*

Die meisten Filme der 1950er Jahre stehen für die Sehnsüchte und Hoffnungen der Menschen in der Nachkriegszeit, die noch unter Hunger, Verlust und Entbehrung litten. 1956 erreichte der Kinoboom der Nachkriegszeit seinen Höhepunkt. Die mehr als 6500 Kinos in der BRD zählten fast 820 Millionen Besucher im Jahr. Großstädte wie Bremen (45 Kinos mit über 23.000 Plätzen), Kleinstädte und selbst Dörfer besaßen Kinos, die fast immer gut besucht waren. Die Vorstellung bestand aus einem »Kulturfilm«, aus *Fox tönende Wochenschau* und dem Hauptfilm. Für 20 Pfennig bekam man ein Filmprogramm der *Illustrierten Film-Bühne* mit Fotos der Stars und Besetzungsliste.

Die Protagonisten waren Förster und Wilderer, Kaiserinnen und Kaiser, Ärzte und Richter, sie inszenierten ihre Romanzen und Dramen vor grünen Tälern, rauschenden Wildbächen und blühender Heide. Allein 16 Millionen Besucher sahen die Liebesgeschichte *Das Schwarzwaldmädel* von 1950 mit dem Traumpaar Sonja Ziemann und Rudolf Prack. Kurz darauf, mit dem Film *Grün ist die Heide*, war das Genre »Heimatfilm« geboren.

In der zweiten Hälfte der 1950er Jahre gehörte jeder zweite Spielfilm zur Gattung »Musikfilm«. Diese Filme lebten von den Auftritten von Schlagerstars wie Caterina Valente und Peter Alexander, zum Beispiel in *Liebe, Tanz und 1000 Schlager*, und Conny Froboess und Peter Kraus in *Wenn die Conny mit dem Peter*.

Natürlich gab es in den 1950er Jahren auch Filme, die zu sehen sich heute noch lohnt. Zum Teil gedreht in den Trümmern Berlins, konfrontieren sie die Zuschauer mit der Wirklichkeit, die in den Heimatfilmen ausgeblendet wurde. Dazu gehören zum Beispiel die Filme wie *In jenen Tagen* (Helmut Käutner, 1947), *Wir Wunderkinder* (Kurt Hoffmann, 1958), *Rosen für den Staatsanwalt* (Wolfgang Staudte, 1959) oder *Die Brücke* (Bernhard Wicki, 1959).

Mit dem Einzug der Fernseher in die Wohnzimmer sank die Zahl der Kinobesucher beständig, trotz der Kinoserien Edgar Wallace und Karl May, die zu Straßenfegern wurden. 1962 traten 16 meist jüngere Filmemacher mit dem berühmten *Oberhausener Manifest* an die Öffentlichkeit, in dem sie ankündigten, den »neuen deutschen Film« zu schaffen. »Opas Kino ist tot« hieß ihre Parole.

*Ernst Steinhoff*

**203** Jeder kleinen Stadt ihr Kino: Der Filmpalast in Sulingen, 1950er Jahre.

**204** Autogramm-Karten von Marilyn Monroe und Romy Schneider.

## *Ein Autogramm von Marilyn Monroe*

Ernst, Jg. 1939, erzählt: *Als ich nach dem Film »Zwölf Uhr mittags« aus dem »Filmpalast«, dem Kino meiner Heimatstadt, kam, ahmte ich den lässigen Gang von Gary Cooper nach. Sooft ich konnte – und mein Taschengeld es zuließ –, ging ich ins Kino. In den Skandalfilm »Die Sünderin« mit der jungen Hildegard Knef durften wir nicht hinein, mein Freund und ich schlichen uns aber heimlich durch den Notausgang!*

*Mein Onkel in Göttingen war bei der »Filmaufbau« beschäftigt, wo ab 1948 rund 100 Filme gedreht wurden. Ab 1950 verbrachte ich viele Ferien bei meinen Verwandten und durfte mit meinem Onkel die Filmstudios besuchen. So schaute ich bei den Dreharbeiten zu »Es kommt ein Tag« mit Maria Schell und Dieter Borsche, »Königliche Hoheit« mit Ruth Leuwerik und »Frauenarzt Dr. Prätorius« mit Curt Goetz zu. Bei letzterem durfte ich sogar in einer kleinen Statistenrolle mitwirken. Natürlich erweiterte ich meine Autogrammsammlung um diese und etliche andere Stars.*

*Als ich 1953 den Film »Niagara« mit Marilyn Monroe sah, hatte ich mein Filmidol gefunden. Sofort schrieb ich nach Hollywood. Als ich schon nicht mehr daran glaubte, eine Antwort zu bekommen, kam nach über vier Monaten ein Brief mit der von ihr unterschriebenen Karte zurück. Als zwei Jahre später die Filme »Jenseits von Eden« und »Denn sie wissen nicht, was sie tun« mit James Dean bei uns anliefen, war ich begeistert von diesem charismatischen Schauspieler und schrieb wieder nach Hollywood. Mein Autogrammwunsch blieb jedoch unerfüllt, James Dean war einen Tag nach Drehschluss seines dritten Films »Giganten« mit seinem Porsche tödlich verunglückt.*

*Natürlich war das Kino in den 1950ern für uns auch ein Ort, um der Angebeteten näherzukommen. Meistens blieb es beim »Händchenhalten«. Hatte man allerdings Plätze ganz hinten und keine Nachbarn, konnte man auch Küsse austauschen. Im BALI (Bahnhof-Lichtspiele) im Hauptbahnhof und im AKI (Aktualitätenkino) in der Sögestraße liefen die Filme von morgens bis abends. Die Eintrittskarte war billig, und man konnte so lange bleiben, wie man wollte. Wenn wir auf den Zug warten mussten, waren diese Kinos beliebte Aufenthaltsorte. Auf diese Weise sah ich in diesen Jahren bis zum Abitur ca. 100 Filme, alle notiert in meinen Kalendern und versehen mit Bewertungen.*

## *Willi Schröders Tore waren die schönsten*

Die amerikanische Besatzungsmacht förderte auch das sportliche Leben in Bremen. Dabei kontrollierte sie bei der Zulassung der Vereine, ob die Vorstände politisch unbelastet waren. Traditionsreiche Sportvereine – wie auch der SV »Werder« – wurden zunächst verboten, dann ab März 1946 mit ihren alten Namen wieder zugelassen.

Bildungssenator Christian Paulmann ernannte 1946 den früheren Präsidenten der Bürgerschaft, Max Jahn, als Bremer Sportbeauftragten und Leiter des Amtes für Leibesübungen. Er koordinierte den Wiederaufbau des Sportbetriebs in Bremen. Die Sportdeputation wurde lange Zeit von Senatorin Annemarie Mevissen geleitet, einer mutigen Frau unter lauter Männern. Im Juli 1946 wurde in den Räumen des Vereins Vorwärts der Landessportbund (LSB) gegründet, dem 62 Vereine mit ihren 25.000 Mitgliedern angehörten. Erster Präsident wurde der Sportlehrer Oscar Drees aus dem Arbeiterverein ATSB. Bereits ab 1948 spielten Fußballmannschaften wieder um die Deutsche Meisterschaft. Bei Werder Bremen spielten so hervorragende Fußballer wie Gernhard, Ackerschott, Illic und besonders Willi Schröder, der ein besonders begnadeter Fußballer war. Er wurde 1951 mit der Mannschaft Deutscher Amateurmeister und 1952 in Helsinki mit vier Treffern Torschützenkönig des olympischen Fußballturniers.

In Bremen sorgte vor allem der Schwimmsport in den 1950er Jahren deutschlandweit für Aufsehen. Die Schwimmer des Bremer-Schwimm-Clubs von 1885, von allen die »Frösche« genannt, stellten in dieser Zeit viele Rekorde auf, die meisten im Bremer Zentralbad am Richtweg. Trainer der erfolgreichen Schwimmer

**205** Die Fertigstellung der Rollschuh- und Eissportbahn am Jakobsberg in Hastedt verzögerte sich wegen der Sturmflut von 1961 auf 1963.

Wolfgang Baumann, Horst Bleeker, Hans Hirsch, Karl-Heinz Henfling und Uli Rademacher war Karl-Walter Fricke, der seine Schützlinge härter und länger trainieren ließ, als es damals üblich war.

Beim Training 1957 war zu beobachten, wie Trainer Fricke die Schwimmer immer wieder ins Wasser scheuchte, auch wenn diese am Ende ihrer Kräfte schienen. Wolfgang Baumann stellte in diesem Jahr mit 55,5 Sekunden über 100 m Kraulschwimmen einen neuen Europarekord auf, der lange Bestand hatte. Fricke war es auch, der das »Internationale Schwimmfest des BSC« im Zentralbad ins Leben rief, bei dem auch Schwimmstars aus den USA an den Start gingen. Fernsehübertragungen machten dieses Schwimmfest zu einem herausragenden Sportereignis in Deutschland. Bis zum Abriss des Zentralbades 1975 wurden bei diesen Meetings 185 deutsche Bestleistungen und 16 Weltrekorde erzielt. Aber auch in vielen anderen Sportarten waren Bremer Sportler/innen erfolgreich: Leichtathleten mit überregionaler Bedeutung waren Ende der 1940er Jahre Marga Petersen, Lena Stumpf, Karl Kluge und Ernst Becker.

**206** Jugend-Handballmannschaft der SV Hemelingen, 1947.

**208** Tennisschläger und Bälle von Reinhild, Jg. 1936, 1950er Jahre.

**207** Vierer mit Steuermann auf der Hamme bei Tietjens Hütte, 1949.

**209** Zwei Nummern der Sportzeitschrift *Fußball-Jugend,* 1956.

1956 holten die Männer vom ATSV Habenhausen den Titel Deutscher Handballmeister, 1951 wurden die Frauen des SV Hemelingen Deutscher Faustballmeister, und die Frauen vom Turnverein von der Bahnhofsvorstadt (TvdB) wurden in den 1950er Jahren sogar mehrmals Deutscher Korbballmeister. Detlef Hegemann und Ursula Kämmerer gewannen von 1952–57 sechs Mal die Deutsche Meisterschaft im Standardtanzen, und Hans Böse errang im Ringen mehrmals erste und dritte Plätze bei Deutschen Meisterschaften

Straßenradrennen fanden in Findorff rund um das »Kasseler Dreieck« und im Bürgerpark statt; im Weserstadion wurden auf der Aschenbahn Bahnrennen ausgetragen, bei denen u.a. Willi Röper gewann, der später sportlicher Leiter des Bremer Sechstagerennens wurde.

*Ernst Steinhoff*

**210** Blick vom Wasserturm Breslauer Straße nach Osten, 1953.

**211** Gartenstadt Vahr, 1957/58.

Jörn Tore Schaper, Eberhard Syring

# *Begegnungsstätten, in denen sie das Leid vergessen sollen*

## Räume für Kinder und Jugendliche beim Wiederaufbau Bremens

Wie viele europäische Städte war auch Bremen 1945 in starkem Maße zerstört. »A great disaster, but a great opportunity«, so soll Winston Churchill die Zerstörungen des Bombenkrieges in britischen Städten umschrieben haben. Damit brachte er es auf den Punkt: Die schrecklichen Verluste boten modernen Stadtplanern die Gelegenheit, die Städte neu, besser, moderner wieder aufzubauen. Für Bremen wurde ein ähnlicher Gedanke am deutlichsten von Bausenator Emil Theil ausgesprochen: »Die zerstörten Stadtteile sind völlig neu zu gestalten, um die nötige Auflockerung zu erreichen, die Straßen zu verbessern und den für die Grünanlagen und Plätze erforderlichen Raum zu gewinnen. Die Flächenaufteilung der Gebiete soll nach dem Grundsatz der Trennung der einzelnen Funktionen der Arbeit, des Wohnens, des Verkehrs, der Erholung, der Kultur und der Verwaltung erfolgen.«[1] Theil bezog sich dabei auf die zwei zentralen Forderungen moderner Stadtplaner aus den 1920er Jahren, die am bekanntesten in der »Charta von Athen« zum Ausdruck gebracht worden waren: die Funktionstrennung (Zonierung) sowie die »Auflockerung«, das heißt eine stärkere Durchgrünung nach dem Ideal einer »Stadtlandschaft«, aber auch ein »verkehrsgerechter« Ausbau der Stadt. Am Neuaufbau des kriegszerstörten Bremer Westens ist das exemplarisch nachzuvollziehen: Eine Reduktion der Wohnungszahlen um etwa ein Viertel des Vorkriegsstandes und ein großzügiger Grünzug im Zentrum machen die neuen städtebaulichen Prinzipien für jedermann erlebbar. Insbesondere Kinder und Jugendliche, die durch den stark zunehmenden Autoverkehr von den traditionellen Spielflächen auf der Straße vertrieben wurden, sollten durch die aufgelockerte Bauweise und die Grünzüge neue Spiel- und Aufenthaltsmöglichkeiten finden. Dieses Konzept prägte vor allem die Neubaugebiete am Stadtrand, beispielsweise die Neue Vahr oder Huchting. Bremen nahm spätestens mit dem Inkrafttreten des »Gesetzes zur Behebung der Wohnungsnot im Lande Bremen« im Jahr 1956 national eine Vorreiterrolle als »Stadt des sozialen Wohnungsbaus« ein. Dabei entstanden auch neue Wohnqualitäten, die den Kindern und Jugendlichen zugutekamen. Beispielsweise hatten sie in den Neubauwohnungen häufig zum ersten Mal ein eigenes Zimmer. Darüber hinaus wurden in den alten und neuen Stadtteilen eine Reihe von Bauaufgaben in Angriff genommen, die sich speziell den Bedürfnissen von Kindern und Jugendlichen widmeten: Kindertagesstätten, Spielplätze, Schullandheime und Jugendheime. Besonders der Bau von Jugendheimen war mit hohen Ansprüchen verbunden, deren konzeptionelle Grundlagen auf reformpädagogischen Ideen und der US-amerikanischen Reeducation-Initiative fußten, die mit einem sozialdemokratischen Pragmatismus

**212** Grundsteinlegung zum Wiederaufbau des Bremer Westens am 8. Mai 1953. Vorne rechts sind wiederverwertbare Trümmer aufgeschichtet.

eine glückliche Verbindung eingingen. »Wir wollen alles andere, nur keine Staatsjugend; das schließt aber nicht aus, daß der Staat die Jugend fördert«[2], so der Leiter des Amtes für Jugendförderung, Rolf Graeber, anlässlich der gleichzeitigen Eröffnung der beiden ersten Bremer Jugendheime im März 1950. Beide Bauwerke zeugten noch von den materiellen Beschränkungen jener Zeit: In Hastedt entstand in der Nähe des Weserwehrs aus der Ruine einer alten Gaststätte das Jugendheim »Wehrschloß«. Das Jugendheim am Geschwornenweg in der Neustadt war aus Barackenteilen des Lagers Riespott zusammengesetzt worden. Mit diesen Heimen startete ein ehrgeiziges Bauprogramm, an dessen Ende alle Stadtteile staatliche Jugendheime besitzen sollten – das galt als richtungsweisend für das Bundesgebiet. Diese Einrichtungen sollten zum einen Orte sein, an denen die Jugendlichen in selbst gewählten Gemeinschaften politische Beteiligung lernen konnten, zum anderen sollten

**213** Muße in der durchgrünten Stadtlandschaft, Zeichnung von 1955.

**214** Spielplatz Herbststr.: Geschützte Fläche im sanierten Bestand, um 1955.

sie aber auch einen Gegenpol zu den beengten Wohnverhältnissen und unglücklichen familiären Situationen in der städtischen Nachkriegsgesellschaft bilden. Erst Bremens drittes Jugendheim, das 1953 eingeweihte Jugendheim Walle, war ein kompletter Neubau, dem ein hoher architektonischer Anspruch zugrunde lag. Die geschwungene Form, die Höhenstaffelung, die leicht wirkenden Dächer und das Bandeisenrelief der Künstlers Albrecht Schilling gaben dem Bauwerk eine unprätentiöse und einladende Ausstrahlung. Dass dieser Neubau direkt an das Gebiet Bremens angrenzte, das im Krieg am stärksten zerstört und zu diesem Zeitpunkt noch nicht neu aufgebaut worden war, darf auch als Geste verstanden werden. »Das Erleben [der] Bombennächte, der Verlust von Wohnung und Elternhaus und besonders die soziale und wirtschaftliche Not der Nachkriegsjahre drohte die Entwicklung unserer Jugend gefährlich zu hemmen. Darum ist es besonders wertvoll, daß im Rahmen des Wiederaufbaus unserer Stadt auch solche Begegnungsstätten für die Jugend entstehen, in denen sie das Leid vergessen und eine frohe Jugend erleben und erfahren sollen«[3], hieß es entsprechend im Text der Urkunde zur Grundsteinlegung des Jugendheims Walle. An der Finanzierung der ersten Jugendheime hatte sich auch die US-Landeskommission beteiligt. Aus dem McCloy-Fonds flossen 100.000 DM in das Projekt in Walle, ein Drittel der Gesamtkosten. Das Engagement der Amerikaner für die Bremer Jugend ging über Neubauzuschüsse weit hinaus. Schon bevor die ersten Heime entstanden, hatten sie Jugendclubs (GYA – German Youth Activities) eröffnet, in denen die Jugendlichen ein Mitspracherecht bekamen. Demokratisches Handeln sollte auf diese Weise gefördert werden, ein Prinzip, das später in den Heimräten der Jugendheime fortgesetzt wurde. In Walle konnten sich die Jugendlichen direkt an der Entstehung ihres Heims beteiligen: durch freiwilligen Arbeitseinsatz bei Erdarbeiten nachmittags und in den frühen Abendstunden. Die Resonanz auf

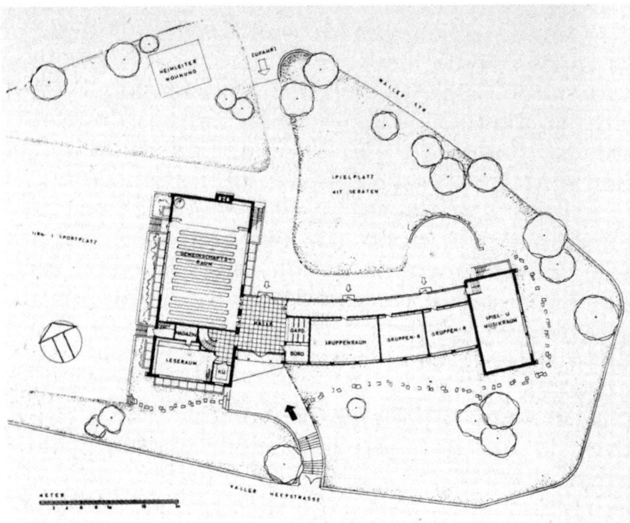

**215** Jugendheim Geschwornenweg, erbaut aus Barackenteilen des aufgelösten Lagers Riespott, 1950.
**216** Grundriss des Jugendheims Walle, 1953.

die Angebote des Hauses war nach seiner Eröffnung im März 1953 beeindruckend: Bis zu tausend Besucher pro Tag wurden gezählt.

Das Waller Heim muss als ein Prestigeprojekt betrachtet werden. Für nachfolgende Neubauten standen weniger Mittel zur Verfügung. Eine Strategie der Kosteneinsparung zielte auf die Entwicklung eines Prototypus für Jugendheime, den das Hochbauamt 1960 erstmals für das Heim Bromberger Straße in Gröpelingen vorlegte. Über dieses Jugendheim hieß es, es sei zwar architektonisch gelungen, aber funktionell unzureichend. Die Jugendlichen beklagten den Mangel an Atmosphäre.

Wo die Toleranzgrenze der staatlichen Träger gegenüber jugendlichen Bedürfnissen lag, wie sie sich in der Mitte der 1950er Jahre abzeichneten, macht der Antrag eines Unternehmers deutlich, der in den Heimen Musik-

**217** Jugendheim Walle, Aquarell auf der Einladung zur Eröffnung, 1953.

automaten aufstellen wollte und sogar einen verbilligten Preis von 10 statt 20 Pfennig für einen Titel anbot. Trotz seines Hinweises, dass die Jugendlichen bisher solche Angebote nur in »sehr üblen und zweifelhaften Lokalen« und »Rock 'n' Roll-Hallen« fänden, lautete die Antwort von Jugendsenatorin Mevissen: »Für die öffentlichen Jugendheime kommt eine Aufstellung nicht in Frage. Daran ändern auch die besten Erfahrungen aus Amerika nichts. Jeder Schritt in diese Richtung würde die pädagogische Arbeit in unseren Heimen und die Erziehung zur Selbsthilfe der Jugend untergraben.«[4]

Neben dem Ziel, in allen Stadtteilen staatliche Jugendheime zu schaffen, wurde schon früh die Idee verfolgt, an einem gut erreichbaren Ort in Bremen ein »Haus der Jugend« als zentrales Jugendheim der Stadt zu etablieren.

**218** Jugendheim Wehrschloss, Innenhof mit offenem Kamin, 1950

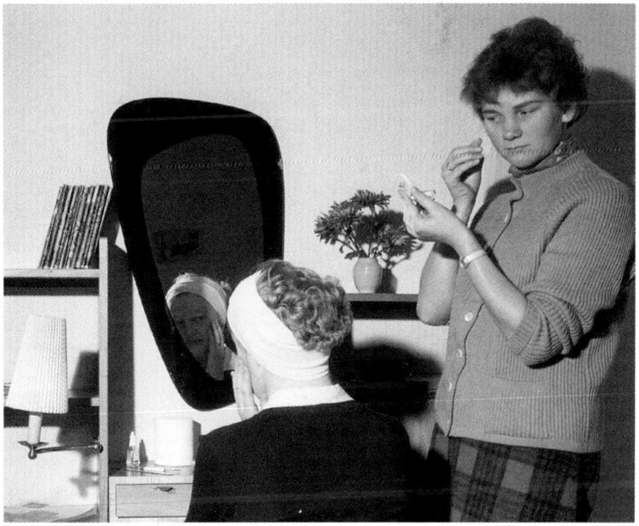

**219** Musiktreff im Jugendheim Walle, um 1960.
**220** Kosmetikraum im Jugendheim Alt-Aumund, 1959.

Entsprechend dem Pragmatismus der Nachkriegszeit verzichtete man aber auf ein separates Gebäude. Vielmehr sollte die geplante neue Jugendherberge diese Funktion gleich mit übernehmen. Dabei wollte man die saisonal bedingten wechselnden Auslastungen eines solchen Hauses berücksichtigen: Die warmen Jahreszeiten waren somit überwiegend einer Herbergsnutzung vorbehalten, die kalten dagegen der Nutzung als Jugendheim. Man wählte für den Neubau ein attraktives Grundstück in innenstädtischer Lage an der Kalkstraße mit Blick auf die Weser. Für die Planung des Neubaus war – anders als bei den meisten Bauten für die Jugend in den frühen 1950er Jahren – nicht automatisch das Hochbauamt zuständig.

**221** Haus der Jugend, Gemeinschaftsraum und Speisesaal in der 1. Etage, Ende der 1950er Jahre.

**222** Haus der Jugend, Innenhof mit Aufgang zur Dachterrasse, Ende der 1950er Jahre.

Stattdessen wurde – wie freie Architekten das gefordert hatten – 1952 ein beschränkter Wettbewerb unter sieben bremischen Architekten ausgeschrieben. Passend zur Bauaufgabe ging der Jüngste im Teilnehmerfeld, der erst 29-jährige Architekt Carsten Schröck, als Sieger hervor. Die Umsetzung seines Entwurfs zog sich hin, weil sich die Finanzierung des etwa eine Million Mark teuren Baus als schwierig erwies. Im Winter 1954 wurde deshalb eine »Jugendherbergs-Lotterie« eingerichtet, um die Bevölkerung an den Kosten zu beteiligen. Ein Los kostete 50 Pfennig, dafür winkte als Hauptpreis ein DKW-Personenwagen.

1955 konnte das Gebäude durch Bürgermeister Wilhelm Kaisen eingeweiht werden. Dem sechsgeschossigen Bettentrakt war zur Weserseite hin ein zweigeschossiger Flachbau vorgelagert, im verglasten Obergeschoss befanden sich die wichtigsten Gemeinschaftsräume. Von hier wie von der darüber gelegenen Dachterrasse hatte man einen imposanten Ausblick auf die Weser. Bremen schuf sich mit seiner neuen Jugendherberge an zentraler Stelle ein modernes Bauwerk, das die Jugendfreundlichkeit der Stadt in jenen Jahren eindrucksvoll veranschaulichte.

Mit den hier beschriebenen fortschrittlichen Bauten für die Jugend und mit seinem Schulbauprogramm nahm Bremen in den 1950er Jahren eine Vorreiterrolle in der Bundesrepublik ein. Wie kaum an einem anderen Ort stand in der Hansestadt die Jugend für das zentrale Subjekt eines Bauens für eine bessere Zukunft. Doch wurde die Kluft zwischen Ideal und Wirklichkeit in der restaurativen Nachkriegsgesellschaft schon bald offensichtlich. Zudem konnte der hohe architektonische Anspruch der ersten Jahre angesichts der Rahmenbedingungen einer beschleunigten »Modernisierung« der Städte in der Breite oft nicht durchgehalten werden. Die Bauten der 1950er Jahre und ihre symbolischen Ansprüche

**223** Haus der Jugend, Ausblick von der Dachterrasse weseraufwärts.
**224** Haus der Jugend, Weserseite, etwa 1957/58.

wurden ab den 1960er Jahren angesichts radikaler gesellschaftlicher Umbrüche zunehmend als naiv und als Sinnbilder der Verdrängung wahrgenommen. Erst aus der historischen Distanz erfuhren sie ab den 1980er Jahren eine neue Wertschätzung. In ihren besten Beispielen kann man eine gelungene Übereinstimmung zwischen Form und gesellschaftlichen Ansprüchen ausmachen, eine Synthese, die in späteren Bauphasen nur noch selten gelungen ist.

**225** Fahrrad-Wunschzettel von Ingeborg. Gezeichnet 1955 – der Wunsch wurde 1959 verwirklicht.

**226** Erhards erste Fotokamera 1957, eine Agfa Synchro Box.

## *Der kleine Wohlstand*

Erinnerungen an die unmittelbare Nachkriegszeit sind von Not geprägt. Räumliche Enge, Behelfslösungen, mit wenigem zurechtkommen, sind die bestimmenden Themen in den meisten Haushalten. Erst nach der Währungsreform 1948, mit einer eigenen Wohnung und geregelter Arbeit, verbesserte sich die Situation.

Die neue Devise, »sich wieder etwas leisten« zu können, bedeutete bis Mitte der 1950er Jahre häufig die Anschaffung kleinerer Dinge: neue Bekleidung, die Armbanduhr zur Konfirmation, ein Möbelstück wie die platzsparende Schlafcouch zum Einzug in die eigenen vier Wände, ein schönes Spielzeug. Viele Jugendliche erledigten Hilfsarbeiten, um Geld für ihre Wünsche zusammenzusparen – Gartenarbeiten für den ersten Fotoapparat, Ferienaushilfe in der Tubenfabrik für ein Fahrrad oder Hilfe bei der Schneiderin für das Kino oder zum Tanzengehen.

Technische Neuerungen, die in den 1950er Jahren auf den Markt kamen, suggerierten eine schnellere Elektrifizierung des Haushalts, als sich die meisten Familien leisten konnten. Der elektrische Staubsauger, der Kühlschrank oder die elektrische Waschmaschine setzten sich erst allmählich durch. Die Kosten eines Geräts entsprachen einem Wochen- oder gar Monatslohn und wurden oft in Raten abbezahlt. Die neue Musiktruhe war ein Luxus, der erst Ende der 1950er Jahre Einzug in das Wohnzimmer fand.

Viele *Selbst gemacht*-Ratgeber verraten mehr vom normalen Alltag: Sie erklären etwa, wie man aus getränktem Papier einen Lampenschirm für das Jugendzimmer anfertigt und geben Tipps zur Sparsamkeit und »Schonung der gekauften Sachen«.

*Frauke Hellwig*

**227** Im Ratgeber waren für Kinderzimmer 8 – 12 qm vorgesehen, 1954.

**228** Puppengeschirr und Puppenstubenmöbel, Mitte der 1950er Jahre.
**229** Ein Partypilz für die Silvesterfeier, jeder Gast kennzeichnete sein Glas mit einem Glücksbringer, um 1955.

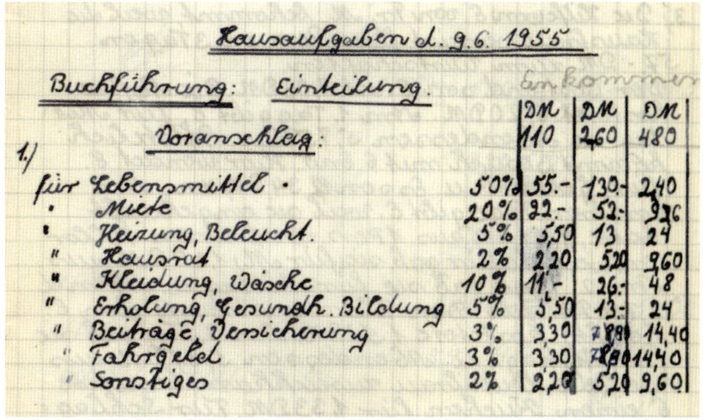

Hausaufgaben d. 9.6. 1955

Buchführung: Einteilung. Einkommen

| | | DM | DM | DM |
|---|---|---|---|---|
| 1/ Voranschlag: | | 110 | 260 | 480 |
| für Lebensmittel | 50% | 55.- | 130.- | 240 |
| " Miete | 20% | 22.- | 52.- | 9,26 |
| " Heizung, Beleucht. | 5% | 5,50 | 13 | 24 |
| " Hausrat | 2% | 2,20 | 5,20 | 9,60 |
| " Kleidung, Wäsche | 10% | 11.- | 26.- | 48 |
| " Erholung, Gesundh. Bildung | 5% | 5,50 | 13.- | 24 |
| " Beiträge, Versicherung | 3% | 3,30 | 7,80 | 14,40 |
| " Fahrgeld | 3% | 3,30 | 7,80 | 14,40 |
| " Sonstiges | 2% | 2,20 | 5,20 | 9,60 |

**230** Rechenaufgabe an der Hauswirtschaftsschule Ritter-Raschen-Straße: Einteilung des Monatslohns, 1955.

**231** Werbeseite von AEG aus der Broschüre *Im Reich der Frau – die Küche*, mit den neuesten elektrischen Geräten, um 1955.

**232** Die Zeitzeugen Elke, Jg. 1945, und Rolf, Jg. 1944, erzählen der Klasse 4c der Schule am Pulverberg von ihren Kinderspielen.

**233** Die Zeitzeugin Elke zeigt ein Foto, auf dem sie (rechts) beim Spielen zu sehen ist, 1948/49.

Christiane Brunßen

# *Henkelmann trifft Schulgesetz trifft Petticoat*

## Bremer Schülerinnen und Schüler suchen Erinnerungen an die Jahre 1945 bis 1960

Mit dem Ausstellungsprojekt »Hunger – Demokratie – Rock 'n' Roll« schreibt das Bremer Schulmuseum die Chronologie der Bremer Schul- und Bildungsgeschichte fort. Es handelt sich dabei um die Nachkriegszeit und die 1950er Jahre. Bei diesem Zeitabschnitt, der relativ nah an der Gegenwart liegt, bietet sich besonders die Arbeit mit Zeitzeuginnen und Zeitzeugen an. So wurden in der Vorbereitung bereits sechzig Zeitzeugen befragt, etliche Objekte gesammelt und Quellen gesichert.

Um das Ziel lebendiger Museumsarbeit in die Praxis umzusetzen, wurden Kooperationen mit Schulen initiiert. 25 Lerngruppen aus Bremen und aus einer Bremerhavener Schule haben mit ihren Lehrerinnen und Lehrern und Schulmuseumsleuten zusammengearbeitet. Die Ergebnisse ihrer Arbeit sind in die Ausstellung eingegangen. Mitgemacht haben Kinder und Jugendliche aller Altersstufen und Schularten. Entsprechend unterschiedlich waren auch die Ideen und Themenfelder, mit denen sie sich befasst haben und zu denen sie ihre Großeltern generation befragt haben. Eine Grundschulklasse aus Walle erkundete Pausen- und Draußenspiele der Nachkriegszeit, die 7. Klasse einer Gesamtschule beschäftigte sich mit Schulwegen damals und heute, eine 9. Gymnasialklasse interpretierte Schlager der 1950er Jahre. Die Themenpalette ist breit: Haustiere, Autos, Süßigkeiten, Erziehungsverhalten, Schulspeisung, Poesiealben …

Entstanden ist dabei eine spannende Vielfalt. Im Sinne der Projektarbeit wurde bei den Interessen und Themen der Schülerinnen und Schüler angesetzt. Ausgehend von ihrem Erfahrungshorizont begannen sie zu vergleichen – wie ist es heute, wie war es damals? So öffneten sie sich nach und nach für Vergangenes. Dabei entstanden die unterschiedlichsten Fragestellungen, ohne auf allzu viel geschichtliches Vorwissen zurückgreifen zu müssen.

Indem die Schülerinnen und Schüler das Vergangene erforschten und mit ihrem aktuellen Erleben in der Gegenwart verglichen, machten sie eine wichtige Erfahrung: dass Geschichte dazu beitragen kann, die Gegenwart und seine jeweils eigene Stellung in der Welt besser zu verstehen. Wie wurde in den 1940er Jahren in Schulen bestraft, wie wird heute bestraft? Verhielten sich auch damals Lehrkräfte unterschiedlich, und warum? Hatte das mit deren Charakter oder mit der vorausgegangenen NS Zeit zu tun? Merkt man heute noch etwas davon? Wir beobachteten hier bei vielen Lernenden eine natürliche Neugierde und eine große Bereitschaft, forschend und entdeckend aktiv zu werden.

Der Forschungs- und Erkundungsprozess der Schülerinnen und Schüler beinhaltete in den meisten Fällen die Begegnung mit Zeitzeuginnen und Zeitzeugen. Es handelte sich dabei um Menschen, die zwischen 1930

## *Fahrt durch die Zeit – Geschichten von Haustieren und Autos*

Die Kinder beschließen, ihre Großelterngeneration zu Autos und Haustieren zu befragen. Über Wochen laden sie viele verschiedene Zeitzeuginnen und Zeitzeugen ein und stellen abwechselnd ihre Fragen. Jedes Kind malt anschließend in ein Projektheft, wovon es am meisten beeindruckt ist. Juline malt beispielsweise, wie der Bruder der Zeitzeugin Christiane, Jg. 1954, fast aus der Beifahrertür gefallen wäre. Außerdem werden die Gespräche aufgenommen. Im Foyer der Schule gibt es zum Schluss auf Stellwänden eine Ausstellung: Dazu werden die wichtigsten Zitate, die interessantesten Geschichten und die schönsten Zeichnungen auf großen Tier- oder Autosilhouetten präsentiert. Für die Rathausausstellung ist ein großes Leporello mit den Auto- und Tiergeschichten geplant.

Kinder der Klassen 1 und 2, Grundschule an der Melanchthonstraße
Pädagogische Mitarbeiterin: Nikola Förster
Vom Museum dabei: Christiane Brunßen

Juline zeichnet den »Beinahe«-Sturz aus der Beifahrertür.

und 1955 geboren wurden. In sorgfältig vorbereiteten Gesprächen, unterstützt und begleitet vom Schulmuseum, erfuhren die Schülerinnen und Schüler etwas zu ihren Themen. Die Auskünfte konnten so unterschiedlich sein wie die befragten Personen. So wurde die Erbsensuppe aus der Schulspeisung von Zeitzeugen mit »Hm, himmlisch!«, aber auch mit ablehnendem Schütteln kommentiert. Eine Person erinnerte sich vor allem an quälenden Hunger, eine andere denkt an Genuss oder die Freude, wenn man den kleinen Geschwistern noch etwas mitbringen konnte. Aus diesen Berichten entstand dann zusammen mit dem Museum eine größere Geschichte. Sie umfasst die Schulspeisung als allgemein belegte Tatsache ebenso wie das Dokumentieren der Schulspeisung in ihrer Vielfalt und Widersprüchlichkeit. Ein Objekt – in diesem Falle ein Löffel oder Henkelmann –

## *Hinkepinke mit der Oma*

Die Klasse wählt das Thema »Spiele von gestern für Kinder von heute«. Am Anfang stellen die Kinder ihre liebsten Pausenspiele vor. Sie schreiben Geschichten. Sie erforschen Spiele der Großeltern. Zeitzeugen werden in die Klasse eingeladen und befragt. Danach erproben sie die »alten Spiele«. Sie schreiben ein Buch mit Fragen und Bildern und arbeiten an einem Spielebuch mit alten und neuen Spielanleitungen, z.B. für Hinkepinke, Murmelspiele oder Zehnerprobe.

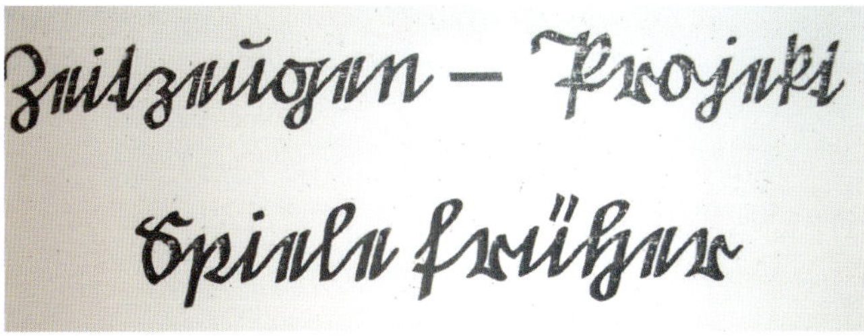

Klasse 4c, Grundschule am Pulverberg
Lehrerin: Brigitte Süß-Jerx
Vom Museum dabei: Ingrid Kemnade, Lena Vick

diente im Zeitzeugeninterview möglicherweise als Gesprächsanlass. Neugierig geworden, ob die Schokoladensuppe denn nun wirklich »sooo lecker« war, wurde im Anschluss in der Schule nach überliefertem Rezept gekocht, um das Erzählte nachzuschmecken – eine sinnliche Art des Quellenstudiums!

Dabei sollten sich Zeitzeugenberichte und Objekte – wie in der Ausstellung selbst – ergänzen. Im Museum geht es zunächst grundsätzlich um Objekte. Die haben – bei sachgemäßer Pflege – eine relativ lange Lebensdauer. Aber für die Zeit von 1945 bis 1960 gilt auch, dass sie uns historisch noch so nah ist, dass wir noch viele Personen unterschiedlichen Alters zu den Dingen aus dieser Zeit befragen können. Es ging nun darum, beides zusammenzubringen: Das Museum hatte bereits Zeitzeugeninterviews geführt und Objekte

**234** Ernst, Jg. 1939, in seiner Torwarthose (2. v. r.):

*Als ich 1948 im Sportverein meiner Heimatstadt, dem TuS Sulingen, mit dem Fußballspielen begann, hatten wir keine Sportkleidung, keine Fußballschuhe und keine richtigen Fußbälle. Wir spielten auf der Straße oder auf Weiden ohne Tore oder Linien. Meine erste Torwarthose schneiderte mir meine Mutter aus einer alten Sommersteppdecke. Als Fußballschuhe nahmen wir unser ältestes Schuhpaar, schlugen die Hacken ab und sägten sie in kleine Stücke, die wir als »Stollen« unter die Sohle nagelten. Obwohl die Bedingungen schlecht waren und die meisten von uns unterernährt waren, war der Zusammenhalt in der Mannschaft hervorragend und die Freude riesig, wenn wir ein Spiel gewonnen hatten.*

## *Fußballhosen wie in den frühen 1950ern*

Das Projekt beginnt mit einem Gespräch der Schülerinnen mit Ernst Steinhoff, Jg. 1939, der in seiner Jugend begeistert Fußball spielte, meistens als Torwart. Auf historischen Fotos wird erkundet, wie Fußballhosen damals aussahen. Schließlich geht es um die Besonderheit des geplanten Produkts »Fußballhose«. Die vier Teams fertigen im Bereich Mode/Textil Fußballhosen an, wie sie um 1950 getragen wurden. Im Bereich Körperpflege recherchieren sie Frisuren und Make-ups der Zeit und führen sie aus. Im Bereich Mediengestaltung fotografieren die Schülerinnen ihre Ergebnisse und stellen sie aus.

Werkschulgruppe im 1. Jahr,
Werkschule Huchting an der Wilhelm Wagenfeld Schule
Projektbetreuung: Klassenlehrer Armin Wahl,
Lehrmeisterin Textil Frau Dietze-Duechting und andere
Vom Museum dabei: Ernst Steinhoff, Frauke Hellwig

– Fotos und Dokumente – gesammelt. Die Idee war, dass Schule und Museum sich begegnen und bereichern sollten: Denn Kinder und Jugendliche bringen aufgrund ihres Alters einen besonderen Blickwinkel in die Gespräche mit ihrer Großelterngeneration. Objekte können den Fragenden dabei helfen, mit Zeitzeugen ins Gespräch zu kommen. Die Puderdose aus einem Carepaket regt vielleicht dazu an, sich über die große Aufregung beim Öffnen des Paketes, über frühere Körperpflege oder auch Luxus zu unterhalten. Ein Poesiealbum kann Impuls für viele Geschichten zum Thema Freundschaft sein. Objekte können die vergangene Zeit »begreifbar« machen. Eine Zinkbadewanne oder ein Nierentischchen, kommentarlos in die Mitte des Erzählkreises einer Schulklasse gestellt, fordern unabhängig von Alter und Vorbildung zum Vermuten

## *Plakatserie zum Projekt Hunger – Demokratie – Rock 'n' Roll*

Zu Beginn sprechen die Schüler/innen mit ihrem »Kunden Schulmuseum«. Gewünscht wird eine Plakatserie zum Ausstellungsthema, die besonders Jugendliche anspricht. Dafür entwickeln die fünf Teams ein Konzept, wie die Schlagworte Hunger – Demokratie – Rock 'n' Roll symbolisiert werden könnten. Bei der Gestaltung lässt sich eine Gruppe von der TV-Serie »Alte Schachteln« inspirieren. Ein Team entwickelt Stencils, die das Thema in minimalistische Bilder umsetzen. Eine Gruppe entwirft eine Plakatserie, die den Eindruck eines 1950er Jahre-Versandkatalogs vermittelt. Eine andere verfolgt ein Konzept, in dem die Objekte/Symbole als Umrisse erscheinen, die mit Erinnerungen zu füllen sind. Die letzte Gruppe denkt an ein »Plakat im Plakat«, angeschlagen an einer groben Mauerwand. Zwei ausgearbeitete Serien werden dem Kunden übergeben.

12. Klasse Multimedia (MUM), Berufliches Gymnasium für Gestaltung/Multimedia der Wilhelm Wagenfeld Schule
Projektbetreuung: Lehrer Wolfgang Schulte-Sasse
Vom Museum dabei: Gisela Zach, Frauke Hellwig

und Forschen heraus. Die schlichte Beschreibung dieses Gegenstandes, Deutungsversuche, Wissensfetzen oder bereits Gelerntes ermöglichen einen Einstieg in die Zeit, als man ihn benutzte. Auch der »Objekte-Tisch« im Schulmuseum mit Rollschuhen, Petticoat, Schulheften und Kaffeemühle hilft, mittels dieser Zeugnisse Fragestellungen zu entwickeln und neugierig auf ein historisches Thema zu werden.

Die Museumsprojekte wurden in die innerschulischen Strukturen und Rituale integriert und erhielten durch den feststehenden Zeitpunkt der Ausstellungseröffnung einen vorgegebenen Zeitrahmen. Für die Schülerinnen und Schüler waren damit zwei Ziele verbunden: ihre Projektarbeit im Rahmen schulischer Leistungsanforderungen abzuschließen und mit den Arbeitsergebnissen Teil einer offiziellen Ausstellung zu sein.

## *Traumspeisen der 1950er Jahre*

Die Schüler/innen suchen Traumspeisen der 1950er Jahre, zuerst solche aus Deutschland. Dazu recherchieren sie im Internet und befragen Menschen, die damals in Deutschland gelebt haben. In Teams bereiten sie: Kalten Hund, Nudelsalat, Fliegenpilze, Gurkenschiffchen, Pudding oder Eisschokolade. Dann befragen sie ihre Großeltern, die aus verschiedenen Ländern nach Bremen gekommen sind. Sie kochen deren Traumspeisen: libanesische Linsensuppe, russische Pfannkuchen, türkische Pizza. Das meiste aus den unterschiedlichen Welten schmeckt lecker.

WP 10 Gastronomie, Gesamtschule Ost
Lehrerin: Silke Dreßler
Vom Museum dabei: Ulla M. Nitsch

Für die Ausstellungsverantwortlichen war die Aufbereitung der Schülerarbeiten und ihr Einweben in die Ausstellung eine besondere kuratorische und ausstellungsdidaktische Herausforderung. Die Aufgabe bestand darin, die Schülerarbeiten in Qualität und Quantität in die Ausstellung zu integrieren. Die Ergebnisse der Schülerarbeiten, z.B. hundert Stunden Interviewmaterial und ein paar Dutzend Notizhefte, waren eher ein Zwischenstadium. Die Subjektivität und Quantität der Forschungserträge erfuhren für das Ausstellen eine Transformation. Parallel zur Forschungsarbeit der Schüler entstand die »klassische« Ausstellung des Museums. Im Austausch mit den Schulgruppen wurden dann Gestaltungs- und Präsentationsformen entwickelt, die sich mit dem musealen Erzählstrang der Ausstellung verwoben. Im Zusammenspiel mit der vom Museum gesetzten inhaltlichen Linie

## *Kommunikation in der Nachkriegszeit*

Anhand von Literatur, historischen Quellen und Objekten aus dem Schulmuseum erarbeiten sich die Schüler ein Bild von der Lage der Jugendlichen in der Nachkriegszeit. Sie ermitteln Kommunikationsmedien und bilden Hypothesen zu den Inhalten der schriftlichen und sprachlichen Kommunikation. Sie entwickeln Fragen für die Gespräche mit Zeitzeug/innen, beschäftigen sich mit Verfahren der Zeitzeugenbefragung und interviewen in Kleingruppen Menschen aus der Großelterngeneration. Die Auswertung mündet in dem Vorhaben, drei Kurzfilme zu drehen zum Schweigen der Väter über den Krieg, zu einer typischen Telefonsituation und dem Verschicken eines Lebensmittelpaketes. Es werden Drehbücher geschrieben. Dann entstehen zusammen mit einem Filmemacher drei Filmszenen.

Jahrgang 12 im Informatikprofil, GK Deutsch, Gesamtschule Ost
Lehrerin: Jasmin N. Pervez
Vom Museum dabei: Ulla M. Nitsch

entstanden mit den Mitteln des Theaters, der Bildenden Kunst, des Filmens und Fotografierens, des Spielens und Singens, des Tastens, Riechens und Horchens einzigartige Erinnerungslandschaften. Abbildungen konnten verfremdet, Objekte zum Sprechen gebracht werden – der Fantasie waren keine Grenzen gesetzt, um Geschehenes zum Ausdruck zu bringen. Geschichts- und Politikwissenschaft haben die Nachkriegszeit aufgearbeitet. Hier geht es um die Überwindung der materiellen Not und die Demokratisierung von Gesellschaft und Schule, u.a. durch das Schulgesetz von 1949, sowie um das Wirtschaftswunder und die Restauration in den 1950er Jahren. Nun sollten Kinder und Jugendliche diese Zeit von ihrem Standpunkt aus untersuchen und vielleicht unvorhersehbare Schätze heben! Und tatsächlich erschlossen sie sich die Welt des einstigen Kindseins aus

## *Alles über die Zinkwanne*

Eine Zinkwanne aus dem Schulmuseum steht auf dem Pult. Die Schüler/innen vermuten, wozu sie früher gedient haben könnte: zum Wegtragen von Trümmern, zum Bunkern von Obst oder Kartoffeln, zum Wäsche waschen, vielleicht auch zum Baden? Sie wollen ihre Großeltern befragen, wie das früher war. Dazu üben sie, wie man sich Zeitzeug/innen gegenüber verhält und wie man gute Fragen stellt. In kleinen Gruppen sammeln sie Fragen: Es entstehen lange Frageketten: Wann wurde gebadet? Woher kam das Wasser? Wie wurde es gewärmt? Dann besuchen sie ihre Omas und Opas. Aus den gewonnenen Informationen wird ein Sachbericht. Um sich besser in die Zeitumstände einzufühlen, formen sie besonders spannende Erlebnisse in Ich-Erzählungen um.

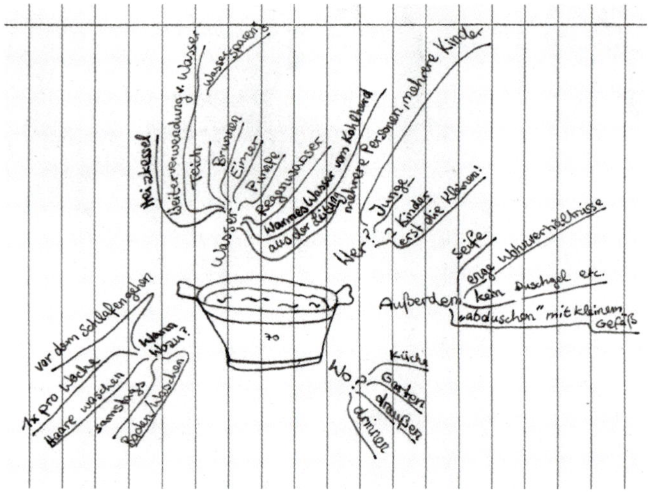


Klasse 6d am Gymnasium Horn
Lehrerin: Elisabeth Waltke
Vom Museum dabei: Ulla M. Nitsch

ihrer Perspektive. Die Umsetzung ihrer Erkenntnisse in eine ästhetische Form der Präsentation ermöglicht in der Ausstellung für die Besucher vielfältige Ebenen des Zugangs und inspiriert sie zu eigenem Fragen und Erinnern.

Das Schulmuseum ist experimentierfreudig, sucht nach neuen Formen des Forschens und Ausstellens und möchte sich in diesem Zusammenhang weiter öffnen. Den Schulen bietet das Museum Zugang zu Archiven. Es vermittelte das Know-How für die Zeitzeugenbefragungen und hat die Beteiligten bei Konzeption und Ausstellungsästhetik beraten. Die Schülerinnen und Schüler und ihre Lehrkräfte erlebten in dieser Kooperation neue Möglichkeiten historisch-forschenden Lernens, sie waren Mitgestalter an der Erinnerungskultur ihrer Gesellschaft und haben sich mit der Ausstellung einen Raum in der Stadt, im Rathaus, erobert.

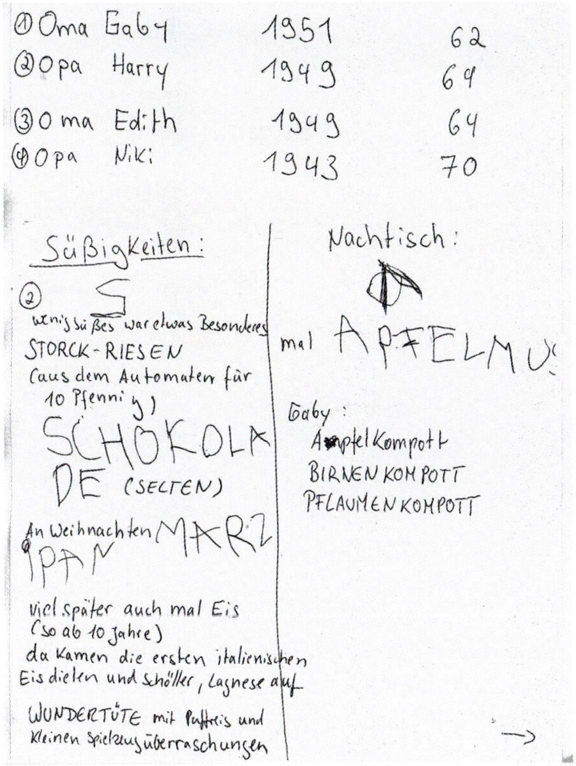

| | | | |
|---|---|---|---|
| ① Oma | Gaby | 1951 | 62 |
| ② Opa | Harry | 1949 | 64 |
| ③ Oma | Edith | 1949 | 64 |
| ④ Opa | Niki | 1943 | 70 |

Süßigkeiten:

②
wenig süßes war etwas Besonderes
STORCK-RIESEN
(aus dem Automaten für
10 Pfennig)
SCHOKOLADE (SELTEN)
An Weihnachten MARZIPAN
viel später auch mal Eis
(so ab 10 Jahre)
da kamen die ersten italienischen
Eisdielen und Schöller, Lagnese auf
WUNDERTÜTE mit Puffreis und
kleinen Spielzeugüberraschungen

Nachtisch:

mal APFELMUS

Gaby:
Apfelkompott
BIRNENKOMPOTT
PFLAUMENKOMPOTT

Projektgruppe »Als Oma und Opa noch jung waren«, Kinderschule Bremen
Lehrerin: Petra Höflinger
Vom Museum dabei: Christiane Brunßen

## *Alles über Süßigkeiten*

Die Kinder sprechen zuerst über ihre Lieblingssüßigkeiten. Beim Durchforsten der Süßwaren im Supermarkt erstellen sie eine Liste mit mehr als 400 Produkten. Sie erfahren von ihren Großeltern, wie kostbar Leckereien nach dem Krieg waren. Auch Kompott, Pudding und sogar Obst zählten dazu. Sie lassen ein Stück Schokolade auf der Zunge zergehen. Es füllt den ganzen Mund aus. Schließlich stellen sie Eisschokolade nach einem alten Rezept her und kochen Pudding. Für die Ausstellung legen sie einzelne Bonbons in kleine Fläschchen und erzählen dazu eine Geschichte.

**235** Fiona, Jg. 2000, fragt Hilma, Jg. 1938, nach ihrer Kindheit, 2013. Fotografien können die Weitergabe von Erinnerungen zwischen den Generationen vermitteln.

**236** Zerlegbares Gipsmodell des Gehirns, um 1900. Das Gehirn ist die organische Basis des Seelenlebens, also auch der Sitz des Gedächtnisses und der Erinnerung.

Diethelm Knauf, Hermann Stöcker

# *Die Menschen müssen ihrem Leben einen Sinn geben*

## Persönliche Erinnerung und gesellschaftliche Erinnerungskultur

In E.L. Doctorows Roman über den amerikanischen Bürgerkrieg *The March* bekommt Albion Simmons einen Granatsplitter in den Kopf. Er überlebt, aber sein Kopf schmerzt – kurioserweise nicht aufgrund der physischen Verletzung, sondern weil er sich nicht erinnern kann: »There is no remembering. It's always now.« Wie furchtbar, der Arme lebt von nun an ausschließlich in der Gegenwart, er hat sein Gedächtnis, seine Erinnerung, seine Vergangenheit verloren!

Die Menschen müssen, um zu existieren, nicht nur essen, trinken, schlafen, sich reproduzieren, sondern sie müssen ihrem Leben einen Sinn geben. Dazu gehört, dass sie sich ihre individuelle und kollektive Vergangenheit vergegenwärtigen. Geschichte hat sinn- und identitätsstiftendes Potenzial. Auf dieser Erkenntnis beruht die doppelte Absicht des Ausstellungsprojektes *Hunger – Demokratie – Rock 'n' Roll*: die Geschichte der Nachkriegszeit für Kinder und Jugendliche erfahrbar zu machen, ihnen aber auch die Bedeutung von Geschichte und Lebensgeschichte zu vermitteln. Natürlich ist Erinnerung ein subjektiver und selektiver Prozess mit Auslassungen, Umdeutungen oder Verfälschungen. Trotzdem stellen die Zeitzeugenerinnerungen, die in diesem Projekt dokumentiert sind, ein wichtiges Medium des Erinnerns dar und regen Schüler/innen zu weiteren Nachforschungen an. Erinnerung bindet das »Gestern« an das »Heute« an, verknüpft die Gegenwart mit der Vergangenheit. Einerseits kann man sich der Vergangenheit nur von der Gegenwart her nähern, sie ist die Schablone für alle Interpretationen – andererseits kann man der Vergangenheit nicht entkommen, sie wirkt in die Gegenwart hinein, ob wir es wollen oder nicht.

Das autobiografische Gedächtnis gehört zum Kern menschlicher Identität. Es wird in der Entwicklung des Kindes im Zeitraum zwischen dem 4. und dem 7. Lebensjahr konstituiert und entwickelt sich lebenslang. Voraussetzungen für das autobiografische Gedächtnis sind sprachliche und nicht-sprachliche Vorstellungen und Erinnerungen und die Fähigkeit, eigene Perspektiven von denen anderer zu unterscheiden. Außerdem muss ein Konzept des Selbst entwickelt sein, dem die Erlebnisse zugeschrieben werden. Dieses »Selbst« ist auch zu verstehen als Identität in Unterscheidung von anderen; es umfasst z.B. die eigene Stellung in der Familie, die eigene Geschlechtszugehörigkeit, die gesellschaftliche Stellung als Kindergartenkind, Schulkind, die Generationenzugehörigkeit usw. Die Fähigkeit zum Erzählen wird gerade in der Zeit der Sprachentwicklung durch den Dialog mit den Eltern wesentlich geprägt: Sprachlich »elaborative« Eltern, geben den Kindern Gelegenheit, gemeinsam eine Geschichte zu entwickeln, in der ein zusammenhängender Erzählfaden von Motiven, Handlungen, Emotionen, Wirkungen ›gesponnen‹ werden

**237** Ein wichtiges Medium der privaten Erinnerung sind Alben. Wie dieses liebevoll gestaltete Erinnerungsbuch einer Klasse der Schule Auf der Hohwisch aus dem Jahr 1954 präsentieren sie häufig einen idealisierenden Blick auf die Vergangenheit. Typisch für die 1950er Jahre: NS-Diktatur und Krieg werden aus dem Gedächtnis dieser Klasse ausgeblendet, und selbst das Bremen der Vorkriegszeit ist nur idyllisch.

kann. »Repetitive« Eltern beschränken sich darauf, das vom Kind berichtete Informationselement bestätigend oder abfragend zu wiederholen, ohne es narrativ einzubinden. Mit der Fähigkeit, sich selbst »durch die Augen anderer« zu betrachten, können die Jugendlichen und jungen Erwachsenen dann zunehmend ihre Rolle im Verhältnis zu gesellschaftlichen Gruppen und zur Gesellschaft reflektieren und eigene Wirkungs- und Gestaltungsmöglichkeiten entdecken.

Das Gedächtnis des Menschen ist kein »Speicher«, sondern ein seelisches System, das ständig überarbeitet und dabei zum Teil neu sortiert und bewertet wird. Erinnerungen geben deshalb nie genau das wieder, was sich in Kindheit und Jugend eines Menschen tatsächlich ereignet hat. Das von Kindern und Jugendlichen Erlebte wird immer bereits aufgrund der unbewussten und bewussten Erwartungen und Befürchtungen und aufgrund der jeweiligen emotional-kognitiven Entwicklung selektiv wahrgenommen. Besonders Ereignisse und Erinnerungen, die mit Unsicherheit, Schmerz, Angst, Scham oder Schuld einhergehen, setzen diesen Überarbeitungsprozess in Gang. Das Ziel dieser andauernden inneren »Arbeit« ist die Herstellung von Identität, eines emotional möglichst ausbalancierten Entwurfs von sich selbst im Verhältnis zu anderen Menschen. So existiert – ob ausgesprochen oder nicht –, ständig eine »Selbsterzählung« in uns. Trotz dieser subjektiven Prägung von Erinnerung ist das Erzählen der direkteste Weg, um Gedächtnisinhalte lebendig zu halten. Durch den Akt des Erzählens können schmerzliche und belastende Erlebnisse verstanden, bedauert und in ihrer Unumkehrbarkeit akzeptiert werden. Durch ›Verdrängung‹ und Verschweigen geprägte Erzählstrategien können den Zugang zu peinlichen, ängstigenden oder schuldhaften Erfahrungen jedoch erschweren und die Erinnerung »verfälschen«.

Gerade für die Gespräche/Interviews von Zeitzeugen durch Schüler scheint es wichtig, die Kommunikationssituation daraufhin zu reflektieren, welche Motive des Erzählens – neben dem Motiv, eine authentische Selbsterzählung abzuliefern – die Beziehung bestimmen können:

andere zu beeindrucken, sich selbst gegen Unsicherheiten, Ängste, Scham – und Schuldgefühle zu schützen, kritische Nachfragen zu verhindern, aber auch: endlich zu Wort kommen, sich trauen, etwas zu sagen, etwas weitergeben wollen. Emotionen, Interpretationen und Bewertungen sind immer Teil dieser Erzählungen. Gespräche mit Zeitzeugen, oder besser »Erinnerungsinterviews«, sind deshalb besondere menschliche Interaktions- und Kommunikationssituationen. Die Erinnerungsforschung hat für diesen *Gedächtnis-Rahmen*, der sich auf die jüngste Vergangenheit bezieht, den Begriff »kommunikatives Gedächtnis« geprägt. Im Generationen-Gedächtnis teilt der Mensch Erinnerungen mit seinen Zeitgenossen. Mit dem Aussterben einer Zeitzeugengeneration verschwinden Erfahrungen, die dauerhaft sicherzustellen wären, bevor ein Gedächtnis-Abschnitt leise und unmerklich vergeht.

So kann man hoffen, dass Erinnerung in Familien auch von Offenheit und dem Willen, die eigene Geschichte ohne Tabus zu betrachten, getragen ist. Fragen der Kinder und Enkel können dazu beitragen, in bestimmten Situationen Familienerinnerung zu einem Prozess bewusster Rekonstruktion werden zu lassen, indem z.B. Großeltern und Enkel sich ein altes Familienalbum anschauen und die Jungen den erzählten Erinnerungen von Oma oder Opa lauschen. Es macht für alle Beteiligten Sinn, sich mit der Familiengeschichte zu beschäftigen, sie ermöglicht einen direkten und emotionalen Zugang zu Geschichte. Und sie macht deutlich, dass Geschichte auch etwas »mit einem selbst« zu tun hat.

Ein weiterer Aspekt des Erinnerns und seiner Darstellung sind die jeweils dahinterstehenden Motive. Sie sind nicht nur abhängig von der Situation des Erinnernden in der Gegenwart, sondern folgen seinen Bedürfnissen und sind – häufig – politisch oder weltanschaulich motiviert. Eine einheitliche, für alle verbindliche kollektive Erinnerung kann es daher nicht geben. Geschichtsbilder werden, gesellschaftlich gesehen, entlang sozialer, ethnischer, nationaler, geschlechtsspezifischer, generationeller und ideologischer Merkmale konstruiert und dekonstruiert, analysiert und interpretiert, vermarktet, benutzt und instrumentalisiert und dienen der Herausbildung und Formulierung von kollektiven und individuellen Identität(en). Das bedeutet aber auch, dass man es immer mit den Menschen, die »Geschichte« aufzeichnen und interpretieren, zu tun hat.

**238** Das im Volksmund »Elefant« genannte »Reichskolonialehrendenkmal« wurde 1931 als Manifestation des deutschen Anspruchs auf Kolonien errichtet. »Möge es auch ein Symbol sein für die unverjährten und unverjährbaren Rechte Deutschlands auf gleichberechtigte koloniale Betätigung in der Welt«, sagte Bürgermeister Theodor Spitta zur Einweihung. 1990 wurde das Monument mit einem Namibia-Freiheitsfest zu einem »Anti-Kolonial-Denk-Mal« umgewidmet.

**239** Plakatläufer vor der Schilderfabrik Hachenburg – Aufforderung zum Anpacken für den Wiederaufbau Bremens, 1947.
**240** Werbeplakat für den VW-Käfer, um 1960 – aber war nicht der Kübelwagen der Anfang? Werbung zeigt, welches Lebensgefühl den Menschen suggeriert wurde.

Auch das *soziale* Gedächtnis, und das ist für die Interpretation von erzählter Geschichte besonders relevant, speichert kulturelle Muster und Symbole, die für die Identitätsbildung wichtig sind. So werden Handlungsmuster, Rituale und Codices, Werte, Traditionen und Normen von Generation zu Generation weitergegeben. Diese regeln den Umgang mit Bedürfnissen, setzen Gewohnheiten des Sich-Ernährens und Kleidens fest, tabuisieren und klassifizieren Verhalten als wünschenswert, entwickeln allgemein anerkannte Methoden von Belohnung und Strafe und lassen Unterscheidungen in »gut« und »böse« entstehen. Eine möglichst »objektive« Erinnerung erfordert deshalb eine kritische Distanz zu der jeweils herrschenden Kultur und deren Werten und Normen und macht diese selbst zum Thema der Betrachtung.

»Geschichte« wird immer in einem bestimmten Medium an nachfolgende Generationen überliefert: als Akte, Gesetzestext, Zeitungsartikel, Brief, Filmdokument, Fotoalbum oder als archäologischer Fund. Und automatisch stellt sich die Frage: Sind solche Quellen dokumentarische Zeitzeugnisse oder bereits selbst Produkt erinnernder Rekonstruktion? Deshalb muss man Quellen und Medien der Geschichtsüberlieferung kritisch betrachten: Ist ihre inhaltliche Aussage korrekt? Wie wird dieser Inhalt formal und ästhetisch präsentiert? Welche Intention und Wirkungsabsicht lassen sich erkennen? Welche »Botschaft« soll beim Betrachter ankommen?

**241** Heft der »Störenfriede« für ihren Lehrer zur Erinnerung an die Grundschulzeit, 1956. Es dokumentiert auch erlernte Geschlechterrollen.

**242** Das Schulmuseum Bremen in der Schule Auf der Hohwisch, 2010. Museen sind wichtige Institutionen der kollektiven Erinnerung.

Erinnerung hat neben der kulturellen und individuellen eine gesellschaftliche und eine politische Ebene. Zur Aufrechterhaltung eines gesellschaftlichen Systems wird Geschichte in einem Konsens stiftenden und stabilisierenden Sinne benutzt. Dabei verlieren die Geschichtswissenschaften gegenwärtig die Deutungshoheit über »die Geschichte«; heute bestimmen vor allem die Medien, welches Bild der Vergangenheit in der Gegenwart geformt wird.

Innerhalb unterschiedlicher sozialer Gruppen und kultureller Gemeinschaften erfolgt, vermittelt durch Kommunikation, Medien und Institutionen, ein Konsens stiftender Bezug auf die Vergangenheit – der eigenen Klasse, Ethnie, Generation, des eigenen Geschlechts oder auch von Nationen oder Staatsgebilden. Das kulturelle Gedächtnis »speichert« dafür einen Vorrat an Wissen, Inhalten und Sinnstiftungen, aus denen sich ein bestimmtes »gutes« kollektives Selbstbild speist, das dieser Gruppe Zusammenhalt und das Bewusstsein ihrer Einheit vermittelt. Die Konstruktion von »schlechten« Fremdbildern fördert durch Abgrenzung diesen Zusammenhalt und die Idee der Eigenart oder gar Einzigartigkeit der Gruppe. Sie trennt in Zugehörige und Nicht-Zugehörige. »Gewählte Ruhmesblätter« als Ereignisse kollektiver Selbstwerterhöhung und »gewählte Traumata« als mit Demütigungen und Selbstwertverletzung verbundene Ereignisse tragen zur kollektiven Identitätsbildung bei.[1] Diese werden in Familienerzählungen, in der Schule und der Gruppe von Gleichaltrigen, in Ritualen und Traditionen, vor allem aber in unterschiedlichsten Medien vermittelt und popularisiert. Damit das kulturelle Gedächtnis seine Funktion auch in Zukunft erfüllen kann, braucht es daher Menschen und Einrichtungen, die sich um den Bestand an Sinnstiftungen kümmern. Früher waren das Priester, Schamanen, Schriftgelehrte, heute sind es Archive und Museen. Sie bewahren den Bestand an kulturellen Zeugnissen für nachfolgende Generationen, aktualisieren und interpretieren jeweils Teile des Bestands unter gegenwärtigen Fragestellungen.

Das kulturelle Gedächtnis – der Vorrat, die Auswahl und Weitergabe der als fundamental angesehenen Texte,

**243, 244** Erinnerungsfotos: Dietgard, Jg. 1944, und Uwe, Jg. 1944.

**245** »So weit bin ich gereist, so hoch bin ich gestiegen.« Mit Ansteckern geschmückte Kappe als materielles Gedächtnis und Statussymbol.

Symbole, Praktiken, Traditionen – ist dabei keineswegs homogen oder einheitlich. Wie in der Kultur selbst gibt es einen hegemonialen Diskurs, ein Ringen darum, was an Erinnerungspraxis gewollt, wünschenswert und imperativ ist. Diese Ebene des kulturellen Gedächtnisses versucht, Denk-Gebote und Denk-Verbote festzulegen, tabuisiert bestimmte Inhalte des Erinnerns und bevorzugt andere. Er ist als herrschender Diskurs der Diskurs der Herrschenden, er legitimiert und fundiert Herrschaft. Als solcher aber bleibt er nicht unwidersprochen. Andere Formen und Instanzen des kulturellen Gedächtnisses widmen sich wenig beachteten, vergessenen und verdrängten Inhalten des Erinnerns. Erwähnt seien Archive zur Arbeiter- und Frauenbewegung, zur Jugendkultur oder Betriebs- und Stadtteil-Geschichtswerkstätten. Das Verhältnis zwischen hegemonialen und »alternativen« Diskursen des kulturellen Gedächtnisses unterliegt dabei dem historischen Wandel: Was einstmals tabuisiert und verdrängt war, gehört heute zum Kern des kulturellen Gedächtnisses. Einen solchen Wandel machte zum Beispiel die Erinnerung an NS-Diktatur und Holocaust von den 1950er Jahren bis heute durch. Das Beispiel zeigt aber auch, dass »Erinnerung« per se nicht »gut« ist, auch nicht »schlecht«. Es kommt darauf an, an was man sich erinnert, wie und wozu. »Erinnerung« ist deshalb ein Handlungsfeld, das zu gestalten ist.

Öffentliche Erinnerungskultur wird über Denkmäler, Jahrestage, Trauerfeiern, über Gedenkstätten und Feiertage, über Museen, Erlebniswelten, Fernseh- und Kinofilme historischen Inhalts, über public history und mediale Repräsentationen von Geschichte und vieles mehr inszeniert. Für die pädagogische Arbeit ist diese Tatsache wichtig, denn amerikanische Studien belegen, dass Schüler ihr Geschichtsbild weniger aus dem Unterricht als aus Filmen wie *Schindlers Liste*, *Forrest Gump*, also fiktionalen Produkten der Filmindustrie beziehen.[2] Schulische Curricula müssten das mehr berücksichtigen, und aus diesem Blickwinkel sollte die Vermittlung von Medienkompetenz endlich auch zu einem zentralen Bestandteil des Geschichtsunterrichts werden.

Erzählungen von Zeitzeugen beugen der Gefahr vor, dass historische Darstellungen zur Abstraktion werden, deren Bedeutung nicht verstanden und nicht »mitgefühlt« werden kann. Eine im Zeit-Magazin 2010 veröffentlichte Studie an Münsteraner Schulen kommt beim Thema

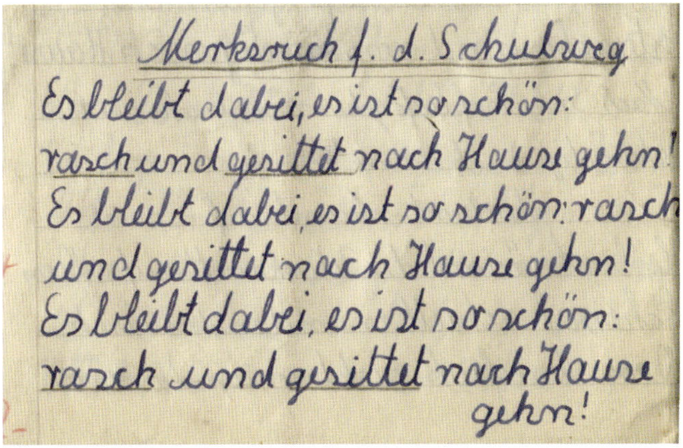


**246** Strafarbeit, 1956 – die Quelle erinnert an Erziehung zum Gehorsam.

**247** Dieses Poesiealbum (1955–1958) erinnert an erwünschte Tugenden.

»Nationalsozialismus« zu dem traurigen Ergebnis: »Der Geschichtsunterricht erreicht nach allem, was man empirisch weiß, vor allem eines: Er übt sozial erwünschtes Sprechen über die Epoche des Nationalsozialismus ein.« 40 % der Jugendlichen glauben, sich beim Thema NS-Zeit »politisch korrekt« verhalten zu müssen, 43 % fühlen sich genötigt, »Betroffenheit« zu zeigen.[3] Die Einübung solchen Verhaltens passt nicht zur Vermittlung von reflektiertem Urteilsvermögen, von Kritik- und Demokratiefähigkeit.

Denn mit dem 30. Januar 1933 war keineswegs auf einen Schlag »alles anders«. Ein »Prozess der Nationalsozialisierung«[4] trieb einen gesellschaftlichen Wandlungsprozess im Sinne der herrschenden diktatorischen Ideologie und politischen Praxis voran und beschleunigte die Zustimmung immer breiterer Kreise des deutschen Volkes zur NS-Diktatur, ohne dass die Heterogenität der Gesellschaft verschwand. Auch nach 1933 verständigten sich denkende Menschen untereinander darüber, was sie taten und ob sie zu den »Guten« oder den »Schlechten« gehörten. Die Frage, wer warum Verfolgten geholfen oder nicht geholfen hat, muss vor diesem Hintergrund immer wieder neu gestellt werden.

Im Dialog der Generationen und innerhalb von Familien über die Zeit nach Hitlerdiktatur und Krieg, in der ein neues demokratisches Deutschland entstehen sollte, können die heutigen Kinder und Jugendlichen ihre eigene Rolle in einer demokratisch verfassten Gesellschaft verstehen, und sie können die damit verbundenen Gestaltungsmöglichkeiten und ihre eigene Verantwortung erkennen und den Herausforderungen der Gegenwart mutig begegnen. Geschichte beschäftigt sich mit der Zukunft. Ein Paradoxon? Keineswegs. Wir rekonstruieren Geschichte nicht um der Rekonstruktion willen, wir wollen in der Beschäftigung mit der Vergangenheit Bedingungen und Möglichkeiten, Grenzen und Spielräume des Handelns ausloten, um erfahren und dann auch bewerten zu können, warum sich einzelne Menschen und ganze Kollektive so verhalten haben, wie sie es taten. Eine lebendige Erinnerungskultur darf Erinnern nicht dogmatisieren, nicht lediglich zu einem moralischen Urteil kommen. Denn ein reflektiertes, begründetes historisches Urteil ist Voraussetzung für mündiges, bewusstes, emanzipiertes politisches Verhalten in der Gegenwart.

# *Anmerkungen*

**Hellwig: Zur sozialen Situation**

1 Die bremischen Schulen 1945–1955, S. 7.
2 Alle folgenden Zitate von Zeitzeug/innen, mit Vornamen und Geburtsjahr gekennzeichnet, stammen aus Interviews, im Auftrag des Schulmuseums Bremen durchgeführt von Jörn T. Schaper 2010/2011.
3 Carlchen 2013, S. 62.
4 Vgl. Anm. 1, S. 8, und Kurz, S. 72 ff.
5 Klassenbuchbeilagen aus Klassenbuch 1945/46 der Schule Auf der Hohwisch, Archiv Schulmuseum Bremen.
6 Vgl. Barfuß, in: Geschichte der Freien Hansestadt Bremen, S. 100.
7 Wie Anm. 3, S. 62.
8 Vgl. Wissmann, in: Geschichte der Freien Hansestadt Bremen, S.182.
9 Vgl. Kurz, S. 93.
10 Wie Anm. 3, S. 62.
11 Vgl. Wissmann, in: Geschichte der Freien Hansestadt Bremen, S. 185.
12 Die bremischen Schulen 1945–1955, S. 46 f.
13 Kniemeyer/Syring, in: Geschichte der Freien Hansestadt Bremen, S. 254.

**Stöcker: Persönlichkeitsentwicklung**

1 Baumert 1952, S. 113.
2 Ebd.
3 Ebd. S. 114.
4 Ebd. S. 117.
5 Vgl. Radebold 2008.
6 Baumert 1952, S.134.
7 Vgl. verschiedene Beiträge in der bremischen pädagogischen Zeitschrift »Der Kreis«, vor allem 1949/50.
8 Horst Eberhard Richter, Vorwort zur 32. Taschenbuchausgabe von Eltern, Kind und Neurose. Reinbek bei Hamburg 2006.
9 Radebold 2008, S. 177.
10 Mitscherlich 1957.
11 Vgl. Muchow 1959.
12 Vgl. Baumert 1952, S. 188 ff.

**Nitsch: Erziehungsvorstellungen**

1 Kindernöte 1. Folge, S. 15 f.
2 Ebd. Vorwort.
3 Ebd., S. 11.
4 Vgl. Starke 2003.
5 Vgl. Ahlheim 2012.
6 Baumert 1952, S. 87–89.
7 Haarer 1951a, S. 17.
8 Ebd., S. 179.
9 Ebd.
10 Ebd., S. 207.
11 Ebd., S. 179.
12 Ebd., S. 232.
13 Ebd., S. 279 f.
14 Ebd., S. 250.

**Nitsch/Sittermann: Initiativen für eine demokratische Schule**

1 Der Kreis, Nr. 1, (1948), S. 4.
2 Der Kreis, Nr. 2, (1949), S. 23.
3 Der Kreis, Nr. 1, (1949), S. 5.
4 Ebd.

**Schaper/Syring: Bremer Schulbau**

1 Brief ohne Absender (vermutlich W. Berger) an Bürgermeister Kaisen vom 25.02.1950, in: StAB S.4.a No. 1347.

**Nimz: Schülermitwirkung**

1 Akte zur Schülermitverwaltung aus dem Bestand des Senators für das Bildungswesen im Staatsarchiv Bremen: 4,111/5-640.
2 Ebd.

**Steinhoff: Jugendkulturen**

1 Vgl. Engels, S. 3.
2 Vgl. Bucher/Pohl.

**Schaper/Syring: Begegnungsstätten**

1 Protokoll der ersten Sitzung des Senats am 3.8.1945.
2 Zitiert nach: o.N.: Zwei vorbildliche Jugendheime. In: Weser-Kurier vom 13. März 1950, 2. Beiblatt.
3 Text der Urkunde zur Grundsteinlegung. In: StAB 4,124/3 – 483.
4 Anfrage von R. Silter vom 15.05.1957 und Antwortschreiben Mevissen vom 05.06.1957, in: StAB 4,124/3 – 474.

**Knauf/Stöcker: Erinnerung**

1 Volkan 1999.
2 Wineburg 2001.
3 Zeitmagazin: Die Zeit Nr. 45/2010 vom 4. Nov. 2010.
4 Giesecke/Welzer 2012, S. 27.

# Literatur


Ahlheim, Rose (Hg.): Johanna Haarer/Gertrud Haarer: Die deutsche Mutter und ihr letztes Kind. Hannover 2012.

Barfuß, Karl Marten/Müller, Hartmut/Tilgner, Daniel (Hg.): Die Geschichte der Freien Hansestadt Bremen 1945 bis 2005. Bd. 1: 1945 bis 1969. Bremen 2008.

Baumert, Gerhard: Jugend der Nachkriegszeit. Lebensverhältnisse und Reaktionsweisen. Darmstadt 1952.

Berger, Wilhelm: Schulbau von heute für morgen. Göttingen 1960.

Bönisch, Gerhard/Wiegrefe, Klaus (Hg.): Die 50er Jahre. München 2007.

Bremer Ausschuss für Wirtschaftsforschung (Hg.): Bremen im Wiederaufbau. 1945–1957. Bremen 1957.

Bruss, Regina: Mit Zuckersack und Heißgetränk. Leben und Überleben in der Nachkriegszeit. Bremen 1945–1949. Bremen 1989.

Bucher, Willi/Pohl, Klaus (Hg.): Schock und Schöpfung – Jugendästhetik im 20. Jahrhundert. Darmstadt 1986.

Der Senator für das Bauwesen (Hg.): 10 Jahre öffentlicher Hochbau. Bremen 1963. (= Die Neugestaltung Bremens 8).

Der Senator für das Bauwesen (Hg.): Die westliche Vorstadt. Bremen 1955. (= Die Neugestaltung Bremens 5).

Deutsches Filmmuseum (Hg.): Zwischen Gestern und Morgen – Westdeutscher Nachkriegsfilm 1946–1962. Frankfurt am Main 1989.

Eisfeld, Rainer: Als Teenager träumten. Baden-Baden 1999.

Engels, Helma: Jugendschutz und Erziehungsberatung. In: Jugendschutz, Jg. 1 (1956), H. 7/8, S. 2–6.

Foitzik, Doris (Hg.): Vom Trümmerkind zum Teenager. Kindheit und Jugend in der Nachkriegszeit. Bremen 1992.

Giesecke, Dana/Harald Welzer: Das Menschenmögliche. Zur Renovierung der deutschen Erinnerungskultur. Hamburg 2012.

Großkopf, Robert: Unsere 50er Jahre. Frankfurt am Main 2007.

Haarer, Johanna: Die deutsche Mutter und ihr erstes Kind. München 1934.

Dies.: Unsere kleinen Kinder. München – Berlin 1939.

Dies.: Die Mutter und ihr erstes Kind. Tausend. München 1951 (a).

Dies.: Unsere kleinen Kinder. München 1951 (b).

Dies.: Unsere Schulkinder. München 1950.

Hesse, Hans: Konstruktionen der Unschuld. Die Entnazifizierung am Beispiel von Bremen und Bremerhaven 1945–1953. Veröffentlichungen aus dem Staatsarchiv der Freien Hansestadt Bremen, Band 67. Bremen 2005.

Kandlbinder, Jakob: Halbstark und Cool – Ausgewählte Jugendkulturen seit den 1950er Jahren. Münster 2005.

Kleindienst, Jürgen: Halbstark und tüchtig. Berlin 2002.

Kurz, Karl: Lebensverhältnisse der Nachkriegsjugend, Reihe Schriften der Wittheit zu Bremen. Bremen 1949.

Maase, Kaspar: BRAVO Amerika. Hamburg 1992.

Mau, Franz-Peter (Hg.): Flugdächer und Weserziegel: Architektur der 50er Jahre in Bremen. Lilienthal 1990.

Mitscherlich, Alexander: Pubertät und Tradition. In: Verhandlungen des 13. Deutschen Soziologentages 1957, hrsg. von der Deutschen Gesellschaft für Soziologie. Köln und Opladen 1957, S. 65–86.

Muchow, Hans Heinrich: Sexualreife und Sozialstruktur der Jugend. Reinbek bei Hamburg 1959.

Müller, Hartmut (Hg) u.a.: Occupation-Enclave-State. Wiederbegründung des Landes Bremen nach dem Zweiten Weltkrieg – Politik und Alltag. Staatsarchiv Bremen: Kleine Schriften des Staatsarchivs Bremen – Heft 27. Bremen 1997.

Müller, Hartmut/Rohdenburg, Günther (Hg.): Kriegsende in Bremen. Bremen 2005.

Pedron, Anne-Marie: Amerikaner vor Ort. Besatzer und Besetzte in der Enklave Bremen nach dem Zweiten Weltkrieg. Veröffentlichungen aus dem Staatsarchiv der Freien Hansestadt Bremen. Band 70. Bremen 2010.

Radebold, Hartmut: Kriegsbedingte Kindheiten und Jugendzeit. Teil 2: Väterliche Abwesenheit und ihre Auswirkungen auf individuelle Entwicklung, Identität und Elternschaft. In: Transgenerationelle Weitergabe kriegsbelasteter Kindheiten. Hrsg. von H. Radebold, W. Bohleber, J. Zinnecker. Weinheim und München 2008, S.175–182.

Richter, Horst Eberhard: Eltern, Kind und Neurose. Stuttgart 1963.

Röpke, Andreas: Office for Military Government for Bremen, 597-670, in: Weisz, Christoph (Hg.): OMGUS-Handbuch: Die amerikanische Militärregierung in Deutschland 1945–1949. München 1995. S. 597–670.

Schäfer, Hermann (Hg.): SpielZeitGeist. Spiel und Spielzeug im Wandel. München – New York 1994

Schelsky, Helmut: Die skeptische Generation. Düsseldorf 1957.

Senator für das Bildungswesen (Hg.): Die bremischen Schulen 1945–1955. 10 Jahre Wiederaufbau. Bremen 1955.

Specht, Minna/Friedländer, Martha (Hg): Kindernöte, 1. Folge , Hefte 1 bis 14. Frankfurt am Main 1950/51.

Dies.: Kindernöte, 2. Folge. Hefte 15 bis 28. Frankfurt am Main 1955.

Dies.: Kindernöte, 3. Folge. Hefte 29 bis 42. Frankfurt am Main 1958.

Starke, Fritz: Langer Schatten. Bremen 2003.

Syring, Eberhard/Plagemann, Volker (Hg.): 1952 – bremisch und doch modern: sieben Momentaufnahmen vom Aufbau einer Stadt. Delmenhorst 2007. (=Schriftenreihe des Bremer Zentrums für Baukultur 7).

Syring, Eberhard/Plagemann, Volker (Hg.): Carsten Schröck: Architektur einer Hafenstadt. Delmenhorst 2007. (=Schriftenreihe des Bremer Zentrums für Baukultur 8).

Syring, Eberhard: Von der »Pädagogisierung« zur »Industrialisierung« des Schulbaus – Schulbaukonzepte der 1950er und 1960er Jahre: Beispiel Bremen. In: Zeitschrift für Museum und Bildung 71–72 (2009/2010).

Thalenhorst, Carl (Hg.): Bremen und seine Bauten: 1900–1951. Bremen 1952.

Tiedemann, Kirsten: Mehr als ein Dach über dem Kopf: Bremens Kaisenhäuser – von der Notunterkunft auf der Parzelle zur Wohnkultur im Garten. Bremen: Bremer Tageszeitungen AG 2012. (=Schriftenreihe des Bremer Zentrums für Baukultur 16).
Ullrich, Christina: »Ich fühl' mich nicht als Mörder!« Die Integration von NS-Tätern in die Nachkriegsgesellschaft. Darmstadt 2011.
Volkan, Vamik D.: Das Versagen der Diplomatie. Zur Psychoanalyse nationaler, ethnischer und religiöser Konflikte. Gießen 2003.
Wallenhorst, Hans-Joachim: Die Chronik der GEWOBA: 1924 bis 1992. Bremen 1994.
Welzer, Harald (Hg.): Das soziale Gedächtnis. Geschichte, Erinnerung, Tradierung. Hamburg 2001.
Wineburg, Sam: Sinn machen: Wie Erinnerung zwischen den Generationen gebildet wird. In: Harald Welzer (Hg): Das soziale Gedächtnis. Geschichte, Erinnerung, Tradierung. Hamburg 2001.
Wulff, Hinrich (Hg.): Wilhelm Berger: Profil eines bremischen Pädagogen in einer sich wandelnden Welt. Bremen 1966.

**Quellen und Zeitschriften**

*Schulmuseum Bremen*
Carlchen. Die Schulzeitung der Grundschule an der Carl-Schurz-Straße. Sonderausgabe 100 Jahre Grundschule an der Carl-Schurz-Straße, 2013.
Klassenbuchbeilagen der Schule Auf der Hohwisch aus dem Schuljahr 1945/46.
Interviews mit 60 Zeitzeug/innen, durchgeführt von Jörn Tore Schaper, 2010/2011 im Auftrag des Schulmuseums.
Der Kreis. Mitteilungsblätter der Pädagogischen Arbeitsstelle Bremen (Educational Service Center), 1. Jg. 1948 bis 4. Jg. 1951.

*Staatsarchiv Bremen*
Der Aufbau. Organ der Kampfgemeinschaft gegen den Faschismus. Nr. 1 vom 6. Mai 1945 und Nr. 3, Juni 1945.
StaB S.4.a No. 1347. Wiederaufbau des bremischen Berufs- und Fachschulwesens, sowie Errichtung eines Berufsbildungszentrums in Bremen Akte I 1946, Okt. 3 – 1954, Okt. 10.
StAB 4,124/3 – 474 Bau und Unterhaltung von Jugendheimen – Planung, Finanzierung, Problematik –/Allgemeines.
StAB 4,124/3 – 483 Öffentliche Jugendheime in Bremen/3 Jugendheim Walle.

*Zeitungen*
Weser-Kurier, 13.3.1950.
Weser-Kurier, 29.6.1950.
Weser-Kurier, 2.11.1956.
Zeitmagazin: Die Zeit Nr. 45/2010, 4.11.2010.

# *Abbildungsnachweis*

Das Schulmuseum Bremen und der Verlag danken allen Bildgebern. Trotz umfangreicher Recherchen konnten in einigen Fällen die Bildquellen nicht vollständig ermittelt werden. Wir bitten gegebenenfalls um Nachricht.

*Archiv des Bremer Zentrums für Baukultur*: 20, 27, 69, 109, 141, 143 – 144, 146, 202, 205, 211, 213, 215 – 219, 221 – 224

*Silke Dreßler*: S. 144

*Privatarchiv Rudi Geisler*: 48, 129

*Gewoba*: 212

*Fotoarchiv Heimatverein Sulingen e.V.*: 203

*Petra Höflinger*: S. 147

*Thomas Hoppensack*: 3, 152 – 153, 232, 140 – 141, 146

*Privatarchiv Diethelm Knauf*: 237, 240

*Kulturhaus Walle e.V./Brodelpott*: 29, 34, 73, 111

*Landesinstitut für Schule/Zentrum für Medien*: 1 – 2, 4, 44 – 45, 51, 60, 62, 64, 100 – 101, 107 – 108 (unten), 112, 116 (unten), 119, 123, 127 – 128, 130 – 131, 142, 145, 147 – 148, 174, 177, 214, 220

*Radio Bremen*: 72 (links), 122, 125

*Schulmuseum Bremen/Fotoarchiv und Sammlung*: Umschlagvorderseite Mitte, 8, 12 – 14, 18 – 23, 30, 33, 35, 37 – 40, 47, 49, 50, 52 – 56, 63, 65, 66 r., 67, 70 – 72 (3 Bilder rechts), 75 – 85, 88 – 89, 91, 93 – 94, 96 – 99, 102 – 103, 105 – 106, 107 – 108 (oben), 110, 114 – 115, 116 (oben), 118 – 121,124, 126, 132 – 140,149 – 151, 154 – 157, 160 – 163, 169 – 173, 175 – 176, 178 – 179, 181 – 187, 191 – 193, 195 – 200, 204, 206 – 209, 225 – 231, 233 – 236, 238, 241 – 247.

*Staatsarchiv Bremen*: 5 – 7, 9, 11, 16 – 17, 25, 28, 31, 36, 43, 46, 61, 68, 74, 86 – 87, 90, 104, 117, 158 – 159, 164 – 168, 180, 189, 194, 201, 210, 239

*Hermann Stöcker*: S. 145

*Privatarchiv Fotograf Jochen Stoss*: 26, 66 (links), 92, 95, 188

*Armin Wahl*: S. 142

*Weser-Kurier/Fotoarchiv*: Umschlagvorderseite rechts, 10, 15, 24, 32, 41 – 42, 57 – 59, 113, 190

# Autorinnen und Autoren

**Christiane Brunßen**, Jg. 1954. Pädagogische und wissenschaftliche Mitarbeiterin im Schulmuseum Bremen, von 1977 bis 1994 Lehrerin für Kunst, Musik, Deutsch, Welt/Umweltkunde und Theater, von 2006 bis 2009 Landesvorsitzende des Fachverbandes für Theater in der Schule Bremen, Mitglied im Regionalverband Museumspädagogik Norddeutschland e.V.

**Rudolf Geisler**, Jg. 1941. Lehrer, 1981 bis 2004 Leiter der Landesbildstelle Bremen und Referent für Medienpädagogik beim Senator für Bildung, Veröffentlichungen insbes. zu Medienpädagogik und Landschaftsschutz, seit 2010 Vorsitzender des Freundeskreises Schulmuseum Bremen e.V.

**Frauke Hellwig**, M.A., Jg. 1964. Studium der Volkskunde, Soziologie, Ethnologie, 1997–2009 Leiterin des städtischen Museums Großenhain, seit 2009 Leiterin des Schulmuseums Bremen, zahlreiche Veröffentlichungen zu alltags- und regionalgeschichtlichen Themen des 17.–20. Jahrhunderts.

**Dr. Diethelm Knauf**, Jg. 1952. Studium der Geschichte, Anglistik/Amerikanistik, Politik. Ehemaliger Leiter des Landesfilmarchivs Bremen, Dozent in der Weiterbildung und an der Universität Bremen. Zahlreiche Veröffentlichungen (Print, Film, DVD) zur regionalen und Migrationsgeschichte.

**Dr. Hartmut Müller**, Jg. 1938. Ltd. Archivdirektor a.D. Studium der Geschichte und Germanistik. 1975 bis 2000 Leiter des Staatsarchivs Bremen. Zahlreiche Veröffentlichungen zur regionalen Geschichte des 17. bis 20. Jahrhunderts. Träger der Medaille für Wissenschaft und Kunst der Freien Hansestadt Bremen.

**Prof. Dr. Michael Nagel**, Jg. 1950. Literaturwissenschaftler, Mitarbeiter des Instituts »Deutsche Presseforschung« der Universität Bremen, Forschung und Lehre insbes. zu historischer Kinder- und Jugendliteratur, deutsch-jüdischen Kinderbüchern und deutsch-jüdischer Presse von der Aufklärung bis zum Nationalsozialismus, Presse der Aufklärung, historischer Presse Bremens, Geschichtenerzählen.

**Dr. Brigitta Nimz**. Oberarchivrätin, Studium der Archiv- und Bibliothekswissenschaft, Abteilungsleiterin im Staatsarchiv Bremen, Veröffentlichungen zur Archivwissenschaft und zur Ausbildung von Archivarinnen und Archivaren.

**Dr. Ulla M. Nitsch**, Jg. 1946. Studium der Politik, Geschichte und Germanistik, Lehrerin, Leiterin der Schulgeschichtlichen Sammlung Bremen 1990 bis 2007. Arbeitsschwerpunkte: Bildungsgeschichte, Museologie und Museumspädagogik.

**Jörn Tore Schaper**, M.A., Jg. 1975. Studium der Geschichte, Englischen Philologie und Angewandten Kulturwissenschaften in Münster und Edinburgh, Mitarbeiter des Bremer Zentrums für Baukultur und freiberuflich als Historiker/Kulturwissenschaftler in Bremen tätig. Mitwirkung an verschiedenen Projekten zur regionalen Sozial- und Kulturgeschichte.

**Ulli Sittermann**, Jg. 1946. Lehrer für Geschichte, Deutsch und Politik i.R.; seit 2012 Lehrbeauftragter für Geschichtsdidaktik, Uni Bremen.

**Ernst Steinhoff**, Jg. 1939. Studium an der Pädagogischen Hochschule Bremen, Lehrer für Deutsch, Geschichte u. Sport von 1964 bis 2001; Veröffentlichungen zur Geschichte der GEW Bremen; Vorstandsmitglied im Freundeskreis Schulmuseum Bremen; Dozent für Jazzgeschichte in der VHS Lilienthal.

**Hermann Stöcker**, Jg. 1948. Diplompsychologe, Psychoanalytiker in Bremen und Bildungshistoriker. Zahlreiche Veröffentlichungen zum Arbeitsschwerpunkt Reformpädagogik. Vorstandsmitglied im Freundeskreis Schulmuseum Bremen.

**Prof. Dr. Eberhard Syring**, Jg. 1951. Architekturhistoriker und Autor. Studium der Architektur. Seit 2004 Professor für Architekturtheorie und Baugeschichte an der School of Architecture (Hochschule Bremen) sowie Wissenschaftlicher Leiter des Bremer Zentrums für Baukultur - b.zb. Forschungsschwerpunkt: lokale und regionale Baugeschichte.

**Kurzbeiträge stammen von:**
Rudi Geisler: S. 34–36; S. 80–83.
Frauke Hellwig: S. 38/39; S. 136/137.
Hartmut Müller: S. 62/63.
Michael Nagel: S. 64–67.
Brigitta Nimz: S. 92/93.
Ulla M. Nitsch: S. 78; S. 84/85.
Ulli Sittermann: S. 79; S. 105–107.
Ernst Steinhoff: S. 122–127.
Hermann Stöcker: S. 60/61.

**Außerdem danken wir für Zeitzeugenerzählungen:**
Thomas Hoppensack, Jg. 1944, S. 94/95.
Dieter Lüking, Jg. 1935, S. 36/37.
Irma Nolte, Jg. 1934, S. 108/109.
Ernst Steinhoff, Jg. 1939, S. 125.

Schul :-) Museum Bremen

Auf der Hohwisch 61 – 63
28207 Bremen

Tel. 0421/6962330
E-Mail: schulmuseum@bildung.bremen.de
www.schulmuseum-bremen.de